Die Erhebung von Gebühren im Anwendungsbereich des Informationsfreiheitsgesetzes des Bundes

Schriften zum Staats-, Verwaltungs- und Europarecht

Herausgegeben von Andreas Haratsch

Band 05

PETER LANG

Dr. Tobias Friedrich Fleißner

Die Erhebung von Gebühren im Anwendungsbereich des Informationsfreiheitsgesetzes des Bundes

PETER LANG

Bibliografische Information der Deutschen Nationalbibliothek
Die Deutsche Nationalbibliothek verzeichnet diese Publikation
in der Deutschen Nationalbibliografie; detaillierte bibliografische
Daten sind im Internet über http://dnb.d-nb.de abrufbar.

Gedruckt auf alterungsbeständigem,
säurefreiem Papier.

ISSN 2193-1143
ISBN 978-3-631-87199-7 (Print)
E-ISBN 978-3-631-87561-2 (E-Book)
DOI 10.3726/b19571

© Peter Lang GmbH
Internationaler Verlag der Wissenschaften
Berlin 2022
Alle Rechte vorbehalten.

Peter Lang –Berlin · Bern · Bruxelles · New York ·
Oxford · Warszawa · Wien

Dieses Buch erscheint in einer Herausgeberreihe bei
PL Academic Research und wurde vor Erscheinen peer reviewed.

www.peterlang.com

Für Julia
sowie für Lea, Lilli und Mia

Vorwort

Die vorliegende Arbeit befasst sich mit dem Gebührenrecht im Bereich des Informationsfreiheitsgesetzes des Bundes. Das Gebührenrecht und dessen Anwendung in der Praxis wirkt sich nicht unerheblich auf die Wahrnehmung des Informationsfreiheitsrechts aus, denn eine exzessive und verfehlte Erhebung von Gebühren vermag sich abschreckend auf den Einzelnen auszuwirken. Schon aufgrund dieses Spannungsverhältnisses erscheint eine nähere Untersuchung der Materie geboten. Zudem wird in der Literatur immer wieder auf einzelne Schwachstellen des IFG-Gebührenrechts hingewiesen. Es ist daher nicht verwunderlich, dass auch die Rechtsprechung regelmäßig mit gebührenrechtlichen Fragen im Zusammenhang mit dem IFG befasst ist.

Der Fokus dieser Untersuchung liegt auf dem Prozess der Gebührenerhebung und seinen rechtlichen Grundlagen. Dabei werden einzelne Schwachstellen des IFG-Gebührenrechts aufgezeigt und eingehender untersucht. Damit soll sowohl ein vertiefender Einblick in die Regelungsmaterie geboten werden als auch ein Beitrag zur Fortentwicklung des IFG-Gebührenrechts geleistet werden.

Diese Arbeit entstand berufsbegleitend neben meiner Tätigkeit als Referent im Justitiariat der Beauftragten der Bundesregierung für Kultur und Medien. Sie wurde im Mai 2021 fertiggestellt, an der juristischen Fakultät der FernUniversität in Hagen eingereicht und dort als Masterarbeit im Rahmen des LL.M. Studienganges angenommen. Zum Zwecke der Veröffentlichung wurde der Text in sprachlicher Hinsicht geringfügig überarbeitet und an den gegenwärtigen Stand der Rechtslage angepasst. Die hier zitierten Quellen aus Literatur und Rechtsprechung sind auf dem Stand der Einreichung.

Danksagung

Bei der Fertigstellung dieser Arbeit haben mich zahlreiche Menschen begleitet und unterstützt, bei denen ich mich an dieser Stelle recht herzlich bedanken möchte.

Mein besonderer Dank gebührt zunächst Herrn Prof. Dr. Andreas Haratsch, der diese Arbeit als Masterarbeit an der FernUniversität in Hagen betreut und begutachtet hat. Für die zeitnahe Erstellung des Gutachtens sowie die Aufnahme in seine Reihe im Peter Lang Verlag gilt ihm ein weiterer ausdrücklicher Dank. Herrn Jan Sebastian Müllner danke ich für die Erstellung des Zweitgutachtens.

Jenseits des akademischen Rahmens, in dem diese Arbeit entstanden ist, war jedoch auch der kontinuierliche Zuspruch, den ich von Seiten meiner Familie sowie meinen Freunden und Kolleginnen und Kollegen bei der Beauftragten der Bundesregierung für Kultur und Medien erhalten habe, ein ganz wesentlicher Faktor, ohne den mir die Fertigstellung dieses Werkes nicht gelungen wäre. In diesem Zusammenhang bedanke ich mich deshalb insbesondere bei Dr. Isabel Tillmann und Christel Franz.

Gewidmet ist diese Arbeit zum einen meiner Freundin Julia, der ich von Herzen für ihr Verständnis und ihre Nachsicht für meine zeitliche Beanspruchung bei der Erstellung dieser Arbeit danke. Umso mehr weiß ich ihr Engagement im Rahmen des Lektorats zu schätzen. Zum anderen widme ich diese Arbeit meinen Patenkindern, deren Begleitung ins Leben mir eine stete und besondere Freude ist.

München im Januar 2022
Tobias F. Fleißner

Inhaltsverzeichnis

Abkürzungsverzeichnis

A

A.A. (a.A.)	Anderer Ansicht
A.F. (a.F.)	Alte Fassung
Abs.	Absatz
AGebV	Allgemeine Gebührenverordnung
Allg.	Allgemein
Alt.	Alternative
Anm.	Anmerkung
AöR	Archiv des öffentlichen Rechts
Art.	Artikel
Aufl.	Auflage
Az.	Aktenzeichen

B

BArchG	Bundesarchivgesetz
Bd.	Band
BDSG	Bundesdatenschutzgesetz
BeckOK	Beck'scher Online-Kommentar
BeckRS	Beck-Rechtsprechung
Beschl.	Beschluss
BfDI	Bundesbeauftragte/-r für den Datenschutz und die Informationsfreiheit
BGebG	Bundesgebührengesetz
Bln.	Berlin
BMBF	Bundesministerium für Bildung und Forschung
BMI	Bundesministerium des Innern, für Bau und Heimat
BReg	Bundesregierung
Bspw. (bspw.)	Beispielsweise
BT	Bundestag
BT-Drs.	Drucksache des Deutschen Bundestages
BVerfG	Bundesverfassungsgericht
BVerfGE	Entscheidungen der amtlichen Sammlung des Bundesverfassungsgerichts
BVerwG	Bundesverwaltungsgericht
BVerwGE	Entscheidungen der amtlichen Sammlung des Bundesverwaltungsgerichts

Bzgl.	bezüglich
Bzw.	Beziehungsweise

D

D.h. (d.h.)	Das heißt
Ders. (ders.)	Derselbe
DÖV	Die öffentliche Verwaltung
DSGVO	Datenschutz Grundverordnung
DVBl	Deutsches Verwaltungsblatt

E

EG	Europäische Gemeinschaft
EU	Europäische Union
EuGH	Europäischer Gerichtshof
EUR	Euro

F

f. / ff.	Folgend/-e
FDP	Freie Demokratische Partei
Fn.	Fußnote

G

Gem. (gem.)	Gemäß
GG	Grundgesetz
ggf.	Gegebenenfalls
GGO	Gemeinsame Geschäftsordnung der Bundesministerien
GOBReg	Geschäftsordnung der Bundesregierung
GMBl.	Gemeinsames Ministerialblatt

H

Hrsg.	Herausgeber
Hs.	Halbsatz

I

IFG	Informationsfreiheitsgesetz
IFGGebV	Informationsgebührenverordnung
i.S.d.	Im Sinne des
i.V.m.	In Verbindung mit

J

JA	Juristische Arbeitsblätter
JuS	Juristische Schulung

K

K&R	Kommunikation und Recht
Kl. Anfr.	Kleine Anfrage

L

Lit.	Literatur
Ls.	Leitsatz

M

MDR	Monatsschrift für Deutsches Recht
m.w.N.	Mit weiteren Nachweisen

N

NJW	Neue Juristische Wochenschrift
NordÖR	Zeitschrift für Öffentliches Recht in Norddeutschland
Nr.	Nummer
NRW	Nordrhein-Westfalen
NVwZ	Neue Zeitschrift für Verwaltungsrecht
NVwZ-RR	Neue Zeitschrift für Verwaltungsrecht Rechtsprechungs-Report
NZS	Neue Zeitschrift für Sozialrecht

O

Öff. Recht	Öffentliches Recht
Öff.-rechtl.	Öffentlich-rechtlich
OVG	Oberverwaltungsgericht

R

Rn.	Randnummer
Rspr.	Rechtsprechung

S

S.	Seite
SGB X	Zehntes Buch Sozialgesetzbuch
Sog. (sog.)	Sogenannte/-r
SPD	Sozialdemokratische Partei Deutschlands
str.	streitig
St. Rspr.	Ständige Rechtsprechung
StUG	Gesetz über die Unterlagen des Staatssicherheitsdienstes der ehemaligen Deutschen Demokratischen Republik

T

TB	Tätigkeitsbericht

U

U.	Und
U.a. (u.a.)	Unter anderem
UIG	Umweltinformationsgesetz
UIGGebV	Umweltinformationsgebührenverordnung
UIRL	Richtlinie 2003/4/EG (Umweltinformationsrichtlinie)

V

V.	Vom
Var.	Variante
VG	Verwaltungsgericht
VGH	Verwaltungsgerichtshof
Vgl. (vgl.)	Vergleiche
VIG	Verbraucherinformationsgesetz
VIGGebV	Verbraucherinformationsgebührenverordnung
VO	Verordnung
VwGO	Verwaltungsgerichtsordnung
VwKostG	Verwaltungskostengesetz
VwVfG	Verwaltungsverfahrensgesetz des Bundes

Z

Z.B. (z.B.)	Zum Beispiel
ZD	Zeitschrift für Datenschutz
zit.	zitiert
ZRP	Zeitschrift für Rechtspolitik
ZUM-RD	Zeitschrift für Urheber- und Medienrecht – Rechtsprechungsdienst

Einführung

Seit Inkrafttreten des Informationsfreiheitsgesetzes des Bundes (IFG) sind inzwischen mehr als 15 Jahre vergangen. Das Gesetz blieb weitgehend unangetastet, obwohl sich einige Schwächen, auch mit Blick auf die kostenrechtlichen Regelungen des IFG, offenbart haben.[1] Eklatant ist u.a. die fehlende Verordnungsermächtigung zur Erhebung von Auslagen, die ersichtlich auf ein Versäumnis des Gesetzgebers zurückzuführen ist.[2] Aufgrund der Unanwendbarkeit der IFGGebV in Bezug auf die Erhebung von Auslagen, ist dieser Teil des Kostenrechts derzeit ohne praktische Bedeutung und bleibt daher im Rahmen dieser Arbeit unberücksichtigt.

Ziel dieser Untersuchung ist es, die gebührenrechtlichen Regelungen des IFG einer eingehenden Untersuchung zu unterziehen. Hierbei sollen die spezifischen gebührenrechtlichen Probleme des IFG herausgearbeitet und Lösungswege aufgezeigt werden, wie diese Probleme einer ziel- und interessensgerechten Lösung zugeführt werden können. Dabei werden mitunter auch Bezüge und Vergleiche zu anderen Informationsrechten hergestellt.

Die Arbeit gliedert sich in drei Teile. Im ersten Teil werden die Rahmenbedingungen des allgemeinen Gebührenrechts und die gebührenrechtlichen Vorgaben des IFG erörtert. Im zweiten Teil, der sich der Gebührenbemessung widmet, wird auf die Gebührentatbestände der IFGGebV und die spezifischen Bemessungsmaßstäbe des § 10 Abs. 2 IFG eingegangen. Der dritte Teil befasst sich mit dem Ablauf des Verfahrens, von den Maßnahmen im Vorfeld der Gebührenentscheidung bis hin zur Anfechtung der Gebührenentscheidung. Die Untersuchung schließt mit einer Zusammenfassung ihrer wichtigsten Ergebnisse.

---

1   Dies stellte eine Evaluation des IFG im Auftrag des Deutschen Bundestages im Jahr 2013 unmissverständlich fest; siehe: *Ziekow/Debus/Musch*, Informationsfreiheitsrecht, S. 253 ff.
2   BVerwG, Urteil v. 20.10.2016, 7 C 6/15 (juris); a.A.: *Polenz*, in: Brink/Polenz/Blatt, IFG, § 10 Rn. 10, der dem Gesetzgeber absichtliches Handeln attestiert. Angesichts der ausdrücklichen Erwähnung der Auslagen in § 10 Abs. 1 S. 1 IFG ist diese Sichtweise allerdings schwer vertretbar.

Teil 1: Der Gebührentatbestand des IFG

I. Darstellung des rechtlichen Rahmens

1. Zum Begriff der Gebühr

Bei Gebühren handelt es sich um nicht-steuerliche öffentliche Abgaben, deren Existenz durch das Grundgesetz vorausgesetzt wird, ohne dass der Begriff der Gebühr dort näher definiert wird.[3] Ihre Erhebung dient einem öffentlichen Finanzierungszweck.[4]

Zur Auslegung des verfassungsrechtlichen Gebührenbegriffs kann auf das Bundesgebührengesetz (BGebG) zurückgegriffen werden.[5] Nach der Legaldefinition des § 3 Abs. 4 BGebG handelt es sich bei Gebühren um öffentlich-rechtliche Geldleistungen, die der Gebührengläubiger vom Gebührenschuldner für individuell zurechenbare öffentliche Leistungen erhebt. Diese Definition geht auf den durch das BVerfG entwickelten Gebührenbegriff zurück[6] und gilt innerhalb des gesamten Anwendungsbereichs des BGebG, der durch § 2 BGebG bestimmt wird. Demnach gilt das BGebG u.a. für die Erhebung von Gebühren für öffentlich-rechtliche Verwaltungstätigkeiten durch Behörden des Bundes, soweit nach anderen Rechtsvorschriften des Bundes keine anderen Regelungen getroffen werden (§ 2 Abs. 1 und 2 BGebG). Der Gebührenbegriff des BGebG gilt somit auch für das IFG.

Zu den Leistungen der Verwaltung, für die Gebühren zu erheben sind, gehören u.a. die in Ausübung hoheitlicher Befugnisse erbrachten, individuell zurechenbaren Handlungen der Verwaltung sowie die Ermöglichung der Inanspruchnahme einer öffentlichen Anlage oder Einrichtung (§ 3 Abs. 1 BGebG). Die Erhebung von Gebühren dient dazu, die durch diese Leistungen entstandenen Kosten der Verwaltung ganz oder teilweise zu decken.[7] In Abgrenzung zu anderen öffentlich-rechtlichen Abgaben ist der Gebühr der konkrete Bezug auf

---

3 So taucht der Begriff der Gebühr u.a. in Art. 74 Abs. 1 Nr. 22 und Art. 80 Abs. 2 GG auf; hierzu auch: *Wienbracke*, JuS 2019, 1070 (1071).

4 *Jachmann-Michel/Vogel*, in: v. Mangold/Klein/Starck (Hrsg.), GG III, Art. 105 Rn. 9.

5 *Wienbracke*, JuS 2019, 1070 (1071).

6 *Prömper/Stein*, BGebG, § 3 Rn. 46 mit Verweis auf: BVerfG, Beschl. v. 6.2.1979, 2 BvL 5/76 = BVerfGE 50, 217, Rn. 35.

7 St. Rspr. des BVerfG, siehe u.a. Beschl. v. 17.1.2017, 2 BvL 2/14, 2 BvL 5/14, 2 BvL 4/14, 2 BvL 3/14 = BVerfGE 144, 369, Rn. 64.

die Inanspruchnahme bzw. Veranlassung einer bestimmten öffentlichen Leistung, mithin einer konkreten Leistungs- und Gegenleistungsbeziehung, wesenseigen.[8] Dies unterscheidet sie von Steuern und Beiträgen.[9]

Eng mit der Erhebung von Gebühren verbunden ist die Erhebung von Auslagen. Gebühren und Auslagen sind anhand der ihnen jeweils zu Grunde liegenden öffentlichen Leistungen abzugrenzen.[10] Gemäß § 3 Abs. 5 BGebG sind Auslagen nicht von der Gebühr umfasste Kosten, die die Behörde für individuell zurechenbare öffentliche Leistungen im Einzelfall nach § 12 Abs. 1 oder 2 BGebG erhebt. Zu diesen Leistungen gehören ausschließlich solche Aufwendungen, die bei der Erbringung der Verwaltungstätigkeit anfallen, wie Porto- und Materialkosten (§ 12 Abs. 1 Nr. 4 u. 5 BGebG). Für die laufenden Personal- und Sachkosten[11] sowie die sonstigen Kosten, die regelmäßig aus Anlass einer bestimmten öffentlichen Leistung entstehen, sind keine Auslagen zu erheben. Diese Kosten sind gemäß § 12 Abs. 1 S. 1 i.V.m. § 9 Abs. 1 S. 2 BGebG bereits in die Gebührenkalkulation mit einzubeziehen.

2. Die Entstehung der Gebührenschuld nach dem BGebG

Eine Gebührenschuld entsteht, soweit nicht abweichend bestimmt, nach Maßgabe des § 4 Abs. 1 S. 1 BGebG mit der Beendigung der individuell zurechenbaren öffentlichen Leistung. § 4 Abs. 1 S. 2 BGebG konkretisiert diesen Grundsatz für Fälle, in denen die öffentliche Leistung einer Zustellung, Eröffnung oder sonstigen Bekanntgabe bedarf. In diesen Fällen gilt dieses Ereignis als Beendigung der öffentlichen Leistung. Im Rahmen eines IFG-Verfahrens, das auf den Zugang zu einer amtlichen Information gerichtet ist, entsteht die Gebührenschuld daher im Zeitpunkt des Informationszugangs oder mit Bekanntgabe der abschließenden Entscheidung.

§ 4 Abs. 2 BGebG trifft abweichende Regelungen, wenn ein Antrag zurückgenommen wird oder sich auf sonstige Weise erledigt (Nr. 1) bzw., wenn eine individuell zurechenbare Leistung aus Gründen, die der Betroffene zu vertreten hat, nicht zum festgesetzten Zeitpunkt erbracht werden kann oder abgebrochen werden muss (Nr. 2). Bei den in Nr. 1 geregelten Fällen entsteht die Gebührenschuld mit der Zurücknahme oder der sonstigen Erledigung, bei den in Nr. 2

---

8 *Wienbracke*, JuS 2019, 1070 (1071); *Heintzen*, in: v. Münch/Kunig (Hrsg.), GG, Art. 105 Rn. 6.

9 *Wienbracke*, JuS 2019, 1070 (1071).

10 *Kirchhof*, Die Höhe der Gebühr, S. 20 f.; *Prömper/Stein*, BGebG, § 12 Rn. 1.

11 Siehe: BVerwG, Urteil v. 27.6.2018, 6 C 10/17 = NVwZ 2018, 850 (853).

geregelten Fällen im Zeitpunkt des für die Erbringung der Leistung festgesetzten Termins oder des Abbruchs der Leistung.[12]

3. Die gebührenrechtlichen Regelungen des IFG

Die für die Kostenentscheidung im Rahmen eines IFG-Verfahrens zentrale Regelung ist § 10 IFG. Im Verhältnis zu den Regelungen des allgemeinen Gebührenrechts ist § 10 IFG lex specialis.[13]

Von wesentlicher Bedeutung ist vor allem die in § 10 Abs. 1 IFG geregelte Gebührenfolge. Nach dieser wird die Erhebung von Kosten (Gebühren und Auslagen) für individuell zurechenbare Leistungen nach dem IFG als Regelfall ausgestaltet. Während § 10 Abs. 1 S. 1 IFG als Ermächtigungsgrundlage für die Erhebung von Kosten fungiert, enthält § 10 Abs. 1 S. 2 IFG einen Ausnahmetatbestand für die Erteilung einfacher Auskünfte. § 10 Abs. 2 IFG enthält Vorgaben zum Gegenstand und Maßstab bei der Gebührenbemessung. Hiernach sind Gebühren auch unter Berücksichtigung des Verwaltungsaufwandes so zu bemessen, dass der Informationszugang nach § 1 IFG wirksam in Anspruch genommen werden kann. Diese Regelung trifft eine für die Gebührenerhebung im IFG wichtige Zielvorgabe, nämlich das Verbot einer abschreckenden Wirkung,[14] auf das im Rahmen dieser Untersuchung noch mehrfach einzugehen sein wird.[15] In § 10 Abs. 3 S. 1 IFG befindet sich schließlich eine Verordnungsermächtigung, mit der das Bundesministerium des Innern, für Bau und Heimat (BMI) zum Erlass einer Rechtsverordnung, in der die Gebührentatbestände und Gebührensätze bestimmt werden, ohne Zustimmung des Bundesrates ermächtigt wird. Eine entsprechende Rechtsverordnung wurde in Gestalt der IFGGebV durch das BMI erlassen. Sie besteht aus drei Paragraphen sowie einer Anlage zu § 1 Abs. 1 IFGGebV mit fünf Gebühren- und vier Auslagentatbeständen.

---

12 Damit weicht das BGebG von den vormals geltenden gebührenrechtlichen Grundsätzen des VwKostG über die Entstehung der Gebührenschuld ab. Gem. § 11 Abs. 1 VwKostG entstand die Gebührenschuld bei Verfahren, für die ein Antrag erforderlich ist, bspw. einem IFG-Verfahren, bereits mit dessen Eingang bei der zuständigen Behörde und nur in den übrigen Fällen mit der Beendigung der Leistung. Für die in § 4 Abs. 2 BGebG geregelten Fälle gab es im VwKostG daher keinen weiteren Regelungsbedarf.

13 *Polenz*, in: Brink/Polenz/Blatt, IFG, § 10 Rn. 5; BT-Drs. 17/10422, S. 91.

14 BT-Drs. 15/4493, S. 16.

15 Siehe v.a. Teil 2, I 2.

§ 10 IFG enthält demzufolge nur einige rudimentäre Regelungen zum Gebührenrecht. Soweit keine abschließenden Regelungen getroffen werden, bleibt das
allgemeine Gebührenrecht anwendbar.[16] Dabei sind einige Besonderheiten zu
beachten. Zum einen wird die Anwendbarkeit des § 10 BGebG durch § 10 Abs. 3
S. 2 IFG ausgeschlossen. Zum anderen enthält § 23 BGebG eine Übergangsregelung, nach der für die Bemessung und Berechnung der Gebühren weiterhin
Teile das VwKostG Anwendung finden. Gemäß § 24 BGebG ist der überwie-
gende Teil dieser Übergangsregelung, die Absätze 2 bis 8, am 1.10.2021 außer
Kraft treten. Lediglich in denjenigen Fällen, in denen eine individuell zurechenbare öffentliche Leistung vor dem 15.8.2013 beantragt oder begonnen, aber noch
nicht vollständig erbracht wurde, wird weiterhin das VwKostG anzuwenden sein
(§ 23 Abs. 1 BGebG). § 23 Abs. 1 BGebG dürfte für das IFG indes keine praktische Bedeutung mehr haben, denn es ist anzunehmen, dass nach beinahe neun
Jahren seit Inkrafttreten des BGebG die nach alter Rechtslage begonnenen IFG-
Verfahren längst abgeschlossen sind.[17]

II. Die Ermittlung der gebührenrechtlich erheblichen Leistungen

1. Leistungen im Sinne des § 10 Abs. 1 S. 1 IFG

Gemäß § 10 Abs. 1 S. 1 IFG werden für die individuell zurechenbaren öffentlichen Leistungen nach dem IFG Gebühren erhoben. Der Gegenstand der
Gebührenerhebung ist somit nicht das Ergebnis der Verwaltungsleistung (der
Informationszugang), sondern die Verwaltungsleistung nach dem IFG als solches. Demzufolge werden grundsätzlich sämtliche Amtshandlungen, die nach
dem IFG von der Verwaltung vorgenommen werden, von § 10 Abs. 1 IFG
umfasst,[18] sofern sie dem Antragsteller individuell zugerechnet werden können.
    Der Anknüpfungspunkt für die individuelle Zurechnung der Leistungen ist
der Antrag auf Informationszugang (§ 3 Abs. 2 Nr. 1 BGebG), denn das IFG-
Verfahren wird nur durch einen solchen Antrag eingeleitet (§ 7 Abs. 1 IFG).
Jeder IFG-Antrag enthält mindestens zwei Elemente, die das Informationsbegehren und damit den Gegenstand des Verfahrens bestimmen.[19] Dies ist zum

---

16 *Schoch*, IFG, § 10 Rn. 11 ff.
17 Auf eine eingehende Darstellung der mit dieser Übergangsvorschrift verbundenen
    Besonderheiten wird daher verzichtet.
18 *Ziekow/Debus/Musch*, Informationsfreiheitsrecht, S. 256; *Schoch*, NVwZ 2017, 97 (105).
19 *Rixen*, in: Schoch/Schneider (Hrsg.), VwVfG, § 22 Rn. 25.

einen die Bezugnahme auf ein bestimmtes Thema sowie zum anderen das konkrete Zugangsbegehren.[20] Individuell zurechenbar sind die Leistungen der Verwaltung nur, wenn sie auf dieses Informationsbegehren zurückgeführt werden
können.

Um im Rahmen der Gebührenerhebung berücksichtigt werden zu können,
müssen die Handlungen der Verwaltung gemäß § 3 Abs. 1 S. 2 BGebG Außenwirkung haben. Dies ist der Fall, wenn die behördliche Handlung eine erkenn-
bare Reaktion in Richtung des Veranlassers ist, die der Bearbeitung seines
Antrags dient.[21] Dies können sowohl Verwaltungsakte als auch bloße Realakte
sein.[22] Im Rahmen des IFG kommen insbesondere folgende Handlungen der
Verwaltung in Betracht:[23]

- inhaltliche und rechtliche Prüfung des Antrags,
- Recherche nach den durch den Antragsteller erbetenen Informationen,
- inhaltliche Prüfung der amtlichen Informationen auf das Vorliegen von Aus-
  schlusstatbeständen i.S.d. §§ 3-6 IFG,
- Vorbereitung und Durchführung eines Drittbeteiligungsverfahrens bei
  Betroffenheit eines Dritten gemäß § 8 Abs. 1 IFG,
- abschließende rechtliche Prüfung sowie Vorbereitung und Bekanntgabe der
  abschließenden Entscheidung,[24]
- Vorbereitung und Durchführung des Informationszugangs.[25]

---

20 *Blatt*, in: Brink/Polenz/Blatt, IFG, § 7 Rn. 13; *Richter*, Anm. zu BVerwG, 7 C 6/15 =
   NVwZ 2017, 485 (488) merkt zu recht an, dass sich das Zugangsbegehren im Einzelfall
   auch auf eine konkrete Akte bzw. ein bestimmtes Dokument beziehen kann.
21 Siehe u.a. VGH Kassel, Beschl. v. 12.12.2005, 5 N 3851/04 = NVwZ-RR 2006, 448 (449).
22 *Sicko*, in: Gersdorf/Pahl (Hrsg.), BeckOK InfoMedienR, § 10 IFG Rn. 7.
23 Vgl. auch *Schoch*, IFG, § 10 Rn. 23.
24 Das IFG regelt zwar keine bestimmte Form der Bekanntgabe, gerade bei einer (teil-)
   ablehnenden Entscheidung ist jedoch eine schriftliche Verbescheidung sinnvoll und
   geboten. Siehe: *Reinhart*, DÖV 2007, 18 (22).
25 Umfasst ist auch die Beaufsichtigung des Antragstellers im Rahmen der Akteneinsicht,
   denn das IFG beinhaltet kein Recht zur unbeaufsichtigten Akteneinsicht, siehe: *Reinhart*, DÖV 2007, 18 (22).

2. Nicht berücksichtigungsfähige Leistungen

a) Leistungen ohne Außenwirkung

Leistungen der Verwaltung, die keine Außenwirkung haben, bleiben im Rahmen der Gebührenerhebung außer Betracht. Hierzu gehören vor allem innerbehördliche Stellungnahmen und Vermerke sowie die im Rahmen innerbehördlicher Abstimmungsprozesse erholten Mitzeichnungen und Zustimmungen zum Verfahren und dem beabsichtigten Vorgehen.[26]

b) Leistungen auf Grundlage anderer Rechtsvorschriften

§ 10 Abs. 1 S. 1 IFG setzt voraus, dass Leistungen nach dem IFG angefallen sind. Der Informationsanspruch nach dem IFG ist allerdings nicht der einzige Anspruch auf Informationszugang gegenüber den Behörden des Bundes. Auch handelt es sich bei ihm nicht um einen allumfassenden „Universalanspruch auf Information", wie ihn die Befürworter eines Transparenzgesetzes fordern.[27] Stattdessen gibt es außerhalb des IFG zahlreiche weitere Informationsansprüche, so dass nicht jeder Antrag, der auf Informationszugang gerichtet ist, notwendigerweise nach den Regelungen des IFG zu behandeln ist.

Unter gebührenrechtlichen Aspekten führt dies zu der Frage, in welchem Verhältnis das IFG zu den weiteren Informationsansprüchen steht, da Leistungen, die auf Grundlage eines anderen Informationsgesetzes erbracht wurden, im Rahmen des § 10 Abs. 1 IFG unberücksichtigt bleiben.[28]

aa) Grundsatz: Subsidiarität des IFG gegenüber gesetzlich geregelten Informationsansprüchen

Nach dem gesetzgeberischen Willen soll das IFG grundsätzlich keine verdrängende Wirkung entfalten, denn gemäß § 1 Abs. 3 IFG gehen Regelungen über den Zugang zu amtlichen Informationen aus anderen Rechtsvorschriften dem Anspruch nach dem IFG, mit Ausnahme der in § 29 VwVfG und § 25 SGB X geregelten Informationsrechte, vor.

---

26 *Schlabach*, NVwZ 2013, 1443 (1445).
27 So der letztlich abgelehnte Gesetzentwurf der Fraktion BÜNDNIS 90/DIE GRÜNEN und weiterer Abgeordneter, BT-Drs. 19/14596, S. 4.
28 *Sicko*, in: Gersdorf/Pahl (Hrsg.), BeckOK InfoMedienR, § 10 IFG Rn. 9.

Die konkrete Bedeutung des Begriffs „Rechtsvorschrift" ist zwar umstritten,[29] dies gilt jedoch nicht in Bezug auf spezialgesetzliche Informationsrechte. Dies sind u.a. § 3 UIG und § 2 VIG sowie § 10 BArchG und §§ 3, 12 ff. StUG.[30] Gegenüber diesen Ansprüchen ist der Informationsanspruch nach dem IFG subsidiär,[31] so dass sich sowohl die Sachentscheidung als auch die Kostenfolge nach Maßgabe dieser Gesetze richtet.

bb) Ausnahme: Gleichrangiges Verhältnis zu gesetzlichen Informationsansprüchen

Abweichend von der grundsätzlichen Subsidiarität des IFG gegenüber anderen gesetzlichen Informationsansprüchen bestimmt § 1 Abs. 3 IFG, dass die Informationsansprüche gemäß § 29 VwVfG und § 25 SGB X dem Informationsanspruch nach dem IFG nicht vorgehen. Der Gesetzgeber geht ausweislich der Gesetzesbegründung von einem gleichrangigen Verhältnis der Informationsansprüche und nicht von einer Spezialität des IFG aus.[32] Der Wortlaut solle verdeutlichen, dass das IFG auch Nicht-Verfahrensbeteiligten das Recht auf Akteneinsicht einräumt.[33]

Ein durch einen Verfahrensbeteiligten geltend gemachter Informationsanspruch kann demnach sowohl nach dem IFG als auch nach § 29 VwVfG bzw. § 25 SGB X begründet sein.[34] Sofern sich der Antragsteller nicht explizit auf eine bestimmte Anspruchsgrundlage beruft, hat die Behörde gemäß § 24 VwVfG die Interessen des Antragstellers von Amts wegen zu ermitteln oder im Rahmen Ihrer Aufklärungs- und Beratungspflichten gemäß § 25 Abs. 1 VwVfG auf eine

---

29 Teile der Literatur sehen den Begriff der Rechtsvorschrift nicht auf Parlamentsgesetze begrenzt, siehe: *Schoch*, § 1 IFG, Rn. 296; Demnach seien auch Rechtsverordnungen, Satzungen und Regelungen des EU-Rechts, nicht jedoch Verwaltungsvorschriften und vertragliche Regelungen vom Begriff der Rechtsvorschrift umfasst. Für eine durch den Gesetzgeber intendierte Begrenzung auf Parlamentsgesetze spricht indes die Gesetzesbegründung, siehe: BT-Drs. 15/4493, S. 8; so auch: *Wegener*, NZS 2008, 561 (566).

30 Aufzählung nicht abschließend, für weitere vorrangige Informationsansprüche siehe: *Schoch*, IFG, § 1 Rn. 303 ff.

31 Die Abgrenzung erfolgt anhand des Anspruchgegenstands, siehe: *Sitsen*, Das IFG des Bundes, S. 58 f.

32 BT-Drs. 15/4493, S. 8; *Sitsen*, Das IFG des Bundes, S. 66, erachtet die Regelung für überflüssig, da schon kein Kollisionsfall vorliege.

33 BT-Drs. 15/4493, S. 8.

34 U.a.: *Ziekow/Debus/Musch*, Informationsfreiheitsrecht, S. 155; a.A: *Kugelmann*, NJW 2005, 3609 (3611).

klarstellende Ergänzung des Antrags hinzuwirken.[35] Die hierfür aufgewendeten Leistungen sind keine gebührenpflichtigen Leistung i.S.d. § 10 Abs. 1 IFG, denn anders als im Fall des § 4 Abs. 2 UIG, werden die behördlichen Hinweis- und Beratungspflichten i.S.d. § 25 Abs. 1 VwVfG nicht durch das IFG spezifiziert.[36] Der Antragsteller ist allerdings nicht dazu verpflichtet, eine Wahl zu treffen.[37] Es obliegt letztlich der Behörde zu prüfen, nach welchen Vorschriften zu verfahren ist.[38] Welcher Anspruch für den Antragsteller günstiger ist, kann nur im Einzelfall unter Berücksichtigung des konkreten Informationsbegehrens beantwortet werden.[39] Im Zweifel hat die Behörde gemäß § 29 VwVfG bzw. § 25 SGB X zu verfahren, da nach diesen Regelungen keine Gebühren anfallen.[40]

cc) Sonderfall: Das Verhältnis des IFG zu den sonstigen Informationsrechten

Neben den gesetzlich geregelten Informationsrechten existieren weitere Rechte auf Informationszugang, die nicht in einem förmlichen (Bundes-)Gesetz geregelt, in der behördlichen Praxis aber dennoch von Bedeutung sind. Diese Rechte können durch presserechtliche Auskunftsersuchen, Bürgeranfragen oder Anträge auf Freigabe von Schriftgut geltend gemacht werden. Für einen Informationszugang, der aufgrund dieser Anträge gewährt wird, fallen keine Gebühren an.[41] Das Verhältnis dieser Informationsrechte zum IFG ist daher unter kostenrechtlichen Gesichtspunkten klärungsbedürftig.

---

35 BT-Drs. 15/4493, S. 14.

36 Vgl. BT-Drs. 15/3406, S. 16.

37 *Ziekow/Debus/Musch*, Informationsfreiheitsrecht, S. 155; VG Frankfurt a.M., Urteil v. 2.11.2011, 7 K 1621/10.F = ZD 2012, 586 (587).

38 *Schoch*, IFG, § 1 Rn. 383 u. 388; VGH Kassel, Beschl. v. 15.12.2011, 6 B 1926/11 (juris).

39 Für den Informationsanspruch i.S.d. § 1 IFG spricht, dass er voraussetzungslos gewährt wird und ein Wahlrecht bzgl. der Art des Informationszugangs bietet. Nachteilig ist die Kostenfolge des § 10 Abs. 1 IFG und der ausdifferenzierte und den Anspruch auf Informationszugang ausschließende Katalog von Ausnahmetatbeständen gem. §§ 3-4 IFG; vgl. *Schoch*, IFG, § 1 Rn. 386.

40 *Sicko*, in Gersdorf/Pahl (Hrsg.), BeckOK InfoMedienR, § 10 IFG Rn. 10; *Schoch*, IFG, § 10 Rn. 25; *Sitsen*, Das IFG des Bundes, S. 332.

41 Für Bürgeranfragen vgl. *Schoch*, IFG, § 7 Rn. 16; für presserechtliche Auskünfte vgl. *Partsch*, NJW 2013, 2858 (2862).

(1) Bürgeranfragen und Anträge auf Freigabe von Schriftgut

Die öffentliche Verwaltung ist in einem nicht unerheblichen Ausmaß mit der Beantwortung von Bürgeranfragen befasst.[42] Dass dem Einzelnen ein solches Fragerecht zugestanden wird, belegt nicht zuletzt die Gemeinsame Geschäftsordnung der Bundesministerien (GGO). Diese regelt in § 14 Abs. 3 S. 1 GGO, dass Privatpersonen zu Sachfragen (Bürgeranfragen) formlos Auskunft gegeben werden kann. Darüber hinaus sieht § 39 Abs. 1 S. 1 GGO vor, dass die Bundesministerien über Anträge auf Zugang zu ihrem Schriftgut nach pflichtgemäßem Ermessen entscheiden. Bei der GGO handelt es sich nicht um ein förmliches Bundesgesetz, sondern um eine Organisationsvorschrift der Bundesregierung, mithin um eine bloße Verwaltungsvorschrift.[43] Demzufolge vermitteln weder § 14 Abs. 3 S. 1 noch § 39 GGO unmittelbare Informationsrechte zugunsten des Einzelnen.[44]

Das Recht, eine Behörde mit Fragen zu konfrontieren sowie Zugang zu ihrem Schriftgut zu erbitten, folgt vielmehr aus dem durch Art. 17 GG garantierten Petitionsrecht. Ein auf Informationszugang gerichtetes Ersuchen lässt sich ohne weiteres als Bitte im Sinne dieses Rechts verstehen.[45] Das Petitionsrecht beinhaltet zwar keinen Anspruch auf Informationszugang, es garantiert allerdings die ordnungsgemäße Befassung und Bescheidung durch die Behörde.[46] Für den ordnungsgemäßen Ablauf des Verfahrens bei Anfragen an die Bundesministerien bieten die Regelungen der GGO einen konkreten Anhaltspunkt.[47]

Zur Abgrenzung zwischen Bürgeranfragen und IFG-Anträgen wird teilweise vertreten, es komme auf einen Aktenbezug an.[48] Dieses Kriterium ist jedoch

---

42 Siehe u.a. die Antworten der Bundesregierung auf eine Kleine Anfrage u.a. der Fraktion DIE LINKE zum Umgang der Bundesregierung mit Anliegen der Bürgerinnen und Bürger, BT-Drs. 18/10760, S. 2 ff.

43 *Voßkule/Kaufhold*, JuS 2016, 314 (314 f.). Vgl. zur mangelnden Außenwirkung der GOBReg: BVerwG, Urteil v. 13.12.2018, 7 C 19/17 – NVwZ 2019, 807 (809).

44 *Heun*, in: Dreier (Hrsg.), GG I, Art. 3 Rn. 58.

45 *Klein*, in: Maunz/Dürig (Hrsg.), GG, Art. 17 Rn. 45; *Röper*, NVwZ 2017, 1821 (1822).

46 *Klein*, in: Maunz/Dürig (Hrsg.), GG, Art. 17 Rn. 45; *Krüper*, DÖV 2017, 800 (803).

47 Vgl. *Krüper*, DÖV 2017, 800 (801). Soweit § 14 Abs. 1 GGO unmittelbare Vorgaben für die Verfahrensdauer festlegt, hat die Regelung mittelbare Außenwirkung, so dass der Petent gem. Art. 3 Abs. 1 GG einen Anspruch darauf hat, dass seine Eingabe in Entsprechung dieser Vorgaben behandelt wird, siehe: *Heun*, in: Dreier (Hrsg.), GG I, Art. 3 Rn. 58.

48 *Sicko*, in Gersdorf/Paal (Hrsg.), BeckOK InfoMedienR, § 7 IFG Rn. 5; *Steinbach/Hochheim*, NZS 2006, 517 (518).

untauglich. Zum einen ist der Anspruch nach dem IFG nicht auf Akten, sondern auf amtliche Informationen gerichtet.[49] Zum anderen kann der Informationsanspruch nach dem IFG, als einfachgesetzlicher Anspruch, den petitionsrechtlichen Anspruch nicht verdrängen. Die Ansprüche stehen vielmehr nebeneinander.[50] Da das Petitionsrecht keinen Anspruch auf Informationszugang beinhaltet, kann die Behörde einen Petenten auf das IFG verweisen, soweit sein Begehren auf amtliche Informationen gerichtet ist.[51] Im Zweifel hat die Behörde das Gewollte durch Nachfrage zu ermitteln.[52]

(2) Presserechtlicher Auskunftsanspruch

Für die Arbeit der Presse ist der Zugang zu behördlichen Informationen von herausgehobener Bedeutung. Der Presse wird daher ein Anspruch auf Auskunftserteilung gegenüber Behörden zugestanden,[53] für deren Erteilung keine Gebühren erhoben werden dürfen.[54] Da auf Bundesebene keine gesetzliche Regelung über den presserechtlichen Auskunftsanspruch existiert, wurde lange Zeit auf die landesrechtlichen Pressegesetze zurückgegriffen, um Auskunftsansprüche gegenüber Behörden des Bundes durchsetzen zu können.[55]

Im Jahr 2013 kam das BVerwG zu dem Ergebnis, dass die Landespressegesetze keinen Anspruch auf Erteilung von Auskünften durch die Behörden des Bundes vermitteln. Es mangele den Ländern insoweit an der Gesetzgebungskompetenz. Gegenüber den Behörden des Bundes könne der pressrechtliche Auskunftsanspruch (nur) unmittelbar auf die in Art. 5 Abs. 1 S. 2 Var. 1 GG geschützte Pressefreiheit gestützt werden.[56] Auch wenn das BVerwG seiner Sichtweise treu

---

49 VG Berlin, Beschl. v. 23.6.2017, 27 L 295.17 = BeckRS 2017, 115026.
50 *Schoch*, IFG, § 7 Rn. 16.
51 Für § 39 Abs. 1 GGO folgt dies bereits aus § 39 Abs. 1 S. 1 Hs. 2 GGO.
52 *Schoch*, IFG, § 7 Rn. 16.
53 Vgl. *Grabenwarter*, in: Maunz/Dürig (Hrsg.), GG, Art. 5 Abs. 1 u. 2 Rn. 369 ff. Die Herleitung des Anspruchs ist streitig. Nach einer Auffassung unmittelbar aus Art. 5 Abs. 1 S. 2 Var. 1 GG abgeleiteter Anspruch, so u.a.: BVerwG, Urteil v. 20.2.2013, 6 A 2/12 = NVwZ 2013, 1006, nach anderer Auffassung lediglich einfachgesetzliches Recht, u.a.: *Schulze-Fielitz*, in: Dreier (Hrsg.), GG I, Art. 5 Abs. 1-2, Rn. 248; *Schnabel*, NVwZ 2012, 854 (855).
54 *Partsch*, NJW 2013, 2858 (2862); *Schnabel*, NVwZ 2012, 854 (857).
55 *Partsch*, NJW 2013, 2858 (2858).
56 BVerwG, Urteil v. 20.2.2013, 6 A 2/12 = NVwZ 2013, 1006 (Ls.).

geblieben ist,[57] hat sich der Gesetzgeber bislang nicht zum Erlass eines „Bundespressegesetzes" durchringen können.[58]

Folgt man der Auffassung des BVerwG, wird der presserechtliche Auskunftsanspruch, als unmittelbar aus der Verfassung abgeleiteter Anspruch, nicht durch das IFG verdrängt, sondern steht neben dem Informationsanspruch aus dem IFG.[59] Tritt man der Auffassung des BVerwG entgegen, gelangt man zu der Folgefrage, in welchem Verhältnis die Landespressegesetze zum Informationsanspruch nach dem IFG stehen und ob von diesen eine Sperrwirkung in Bezug auf das IFG ausgeht.[60] Selbst bei denjenigen Stimmen, die eine Sperrwirkung vertreten,[61] herrscht allerdings Einigkeit, dass ein Pressevertreter einen IFG-Antrag auch als „Jedermann" stellen kann.[62] Für die Praxis folgt daraus, dass Informationsersuchen eines Pressevertreters sowohl nach dem Presserecht als auch nach dem IFG begründet sein können. Dies gilt jedoch nur, soweit sich die Ansprüche überschneiden, mithin für die Erteilung von Auskünften.[63] Der pressrechtliche Auskunftsanspruch beinhaltet keinen Anspruch auf Zugang oder Herausgabe behördlicher Schriftstücke.[64] Da es einem Pressevertreter in der Regel auf die Erteilung einer kostenfreien presserechtlichen Auskunft ankommen wird, dürften Auskunftsersuchen der Presse nur selten nach dem IFG zu bearbeiten sein.[65] Sollten im Einzelfall Zweifel bestehen, hat die Behörde auch in diesen Fällen auf eine klarstellende Ergänzung des Antrags hinzuwirken.[66]

---

57 Bestätigt u.a. durch BVerwG, Urteil v. 18.9.2019, 6 A 7/18 = NVwZ 2020, 305; in Lit. und Rspr. hingegen teils deutliche Ablehnung, vgl. hierzu: *Schnabel*, NJW 2016, 1692 (1693).
58 Sowohl die 2013 durch die SPD Fraktion unternommene Initiative (BT-Drs. 17/12484) als auch der im Jahr 2018 durch die Fraktion BÜNDNIS 90/DIE GRÜNEN initiierte Vorstoß (BT-Drs. 19/4572) scheiterten.
59 *Brink*, in: Brink/Polenz/Blatt, IFG, § 1 Rn. 133.
60 *Schoch*, IFG, § 1 Rn. 326 ff.
61 *Dietrich*, K&R 2011, 385 (356).
62 *Debus*, in: Gersdorf/Paal (Hrsg.), BeckOK InfoMedienR, § 1 IFG Rn. 205.
63 *Schoch*, NVwZ 2017, 97 (104 f.).
64 Siehe u.a. OVG Berlin-Brandenburg, Beschl. v. 21.8.2018, 6 S 28.18 (juris); *Brink*, in: Brink/Polenz/Blatt, § 1 Rn. 133.
65 *Schoch*, IFG, § 10 Rn. 24. Daraus folgt jedoch kein Automatismus, nach dem Anfragen eines Pressevertreters stets als presserechtlicher Auskunftsanspruch zu behandeln sind. So allerdings *Schnabel*, NVwZ 2012, 854 (859). Hiergegen spricht, dass der Informationsanspruch nach dem IFG trotz der Gebührenfolge im Einzelfall vorzugswürdiger sein kann. Hierzu nochmals *Schoch*, IFG, § 1 Rn. 331.
66 Siehe oben, Teil 1 II 2 bb).

c) Nicht sachgerechte Leistungen

Gemäß § 13 Abs. 1 S. 3 BGebG werden keine Gebühren erhoben, die bei richtiger Behandlung der Sache durch die Behörde nicht entstanden wären. Die Regelung dient dazu, den Antragsteller vor Gebühren zu schützen, die auf eine fehlgehende Bearbeitung seines Antrags zurückzuführen sind.[67] Nicht sachgerecht aufgewendete Leistungen sind daher ebenfalls nicht gebührenpflichtig i.S.d. § 10 Abs. 1 S. 1 IFG.

§ 13 Abs. 1 S. 3 BGebG beinhaltet indes ein unbenanntes Tatbestandsmerkmal. Von der Gebührenfolge ausgeschlossen ist nur die von der Behörde zu verantwortende unrichtige Behandlung der Sache. Sofern der Kostenschuldner die unrichtige Behandlung der Sache verursacht hat, greift das Verbot des § 13 Abs. 1 S. 3 BGebG nicht.[68]

Beispiele für nicht sachgerechte Leistungen, die der Gebührenbemessung im Rahmen des § 10 Abs. 1 S. 1 IFG nicht zu Grunde zu legen sind, sind:

- überobligatorische Verwaltungsleistungen zu denen die Behörde nach dem IFG nicht verpflichtet ist, insbesondere die Informationsbeschaffung bei Dritten,[69]
- erhöhte Verwaltungsanstrengungen, die auf eine ineffiziente Organisation der Behörde oder pflichtwidriges Vorverhalten zurückzuführen sind,[70] insbesondere ein erhöhter Rechercheaufwand aufgrund nachlässiger Aktenführung[71] oder das Unterlassen sich aufdrängender Rückfragen beim Antragsteller in Bezug auf die Reichweite und den Gegenstand des IFG-Antrags (§ 25 Abs. 1 S. 1 VwVfG).[72]

---

67 In der Gesetzesbegründung zum VwKostG, auf die in der Gesetzesbegründung zum BGebG verwiesen wird, wird ausgeführt, in diesen Fällen sei die Erhebung nicht gerechtfertigt, siehe: BT-Drs. 6/330, S. 16. Dogmatisch dürfte hier eher eine Unterbrechung des Zurechnungszusammenhangs vorliegen. Vgl. zum Gefahrenabwehrrecht: BVerwG, Urteil v. 29.3.2019, 9 C 4/18 = NVwZ 2019, 1444 (1447).

68 Siehe *Prömper/Stein*, BGebG, § 13 Rn. 8 m.w.N.

69 *Berger*, in: Berger/Partsch/Roth/Scheel, IFG, § 10 Rn. 10.

70 *Polenz*, in: Brink/Polenz/Blatt, IFG, § 10 Rn. 6; *Sicko*, in Gersdorf/Paal (Hrsg.), BeckOK InfoMedienR, § 10 IFG Rn. 12.

71 Zum Inhalt der Pflicht zur Aktenführung siehe: *Kallerhoff/Mayen*, in: Stelkens/Bonk/Sachs (Hrsg.), VwVfG, § 29 Rn. 29 ff.

72 *Berger*, in: Berger/Partsch/Roth/Scheel, IFG, § 10 Rn. 11; *Kallerhoff/Fellenberg*, in: Stelkens/Bonk/Sachs (Hrsg.), VwVfG, § 25 Rn. 20; Teil 3 I 1.

d) Leistungen, die nicht unmittelbar der Entscheidung über den IFG-Antrag dienen

Leistungen, die nicht der Entscheidung über den IFG-Antrag dienen, sind im Rahmen des § 10 Abs. 1 S. 1 IFG ebenfalls nicht berücksichtigungsfähig. Hierzu gehören vor allem die für die Gebührenerhebung angefallenen Leistungen.[73] Zwar haben auch diese Leistungen Außenwirkung und können dem Antragsteller zugerechnet werden, sie dienen jedoch nicht der unmittelbaren Vorbereitung und Entscheidung über den IFG-Antrag.[74] Die Erhebung von Gebühren stellt vielmehr eine vom Informationsersuchen losgelöste Entscheidung dar, die innerhalb eines eigenständigen Verfahrens zu treffen ist.[75]

Dies gilt auch für die Kosten, die bei der Erstellung eines Bescheids über einen Gebührenvorschuss anfallen,[76] da der Gebührenvorschuss nicht dem Informationszugang dient, sondern lediglich ein Sicherungsmittel im Rahmen der Gebührenentscheidung ist.[77]

3. Tatbestandliche Ausnahmen von der Gebührenfolge

a) Die einfache Auskunft i.S.d. § 1 S. 2 IFG

Durch § 10 Abs. 1 S. 1 IFG wird die Kostenfolge als Regelfall ausgestaltet. Grundsätzlich muss der Antragsteller im Rahmen eines IFG-Verfahrens daher stets mit der Erhebung von Gebühren rechnen.[78] Zu dieser Regel bestimmt § 10 Abs. 1 S. 2 IFG eine Ausnahme. Nach dieser gilt § 10 Abs. 1 S. 1 IFG nicht bei der Erteilung einfacher Auskünfte. Da Leistungen, die zur Erteilung einer einfachen Auskunft angefallen sind, schon nicht geeignet sind, Gebühren i.S.d. § 10 Abs. 1 S. 1 IFG auszulösen, handelt es sich um eine tatbestandliche Ausnahme.

Das für die Zuordnung einer Auskunft als „einfach" maßgebliche Kriterium ist nach überwiegender Auffassung der zur Bearbeitung des Informationsanliegens erforderliche Verwaltungsaufwand.[79] Die Berücksichtigung weiterer Kriterien,

---

73 *Schoch*, IFG, § 10 Rn. 53.
74 *Schoch*, IFG, § 10 Rn. 23.
75 *Prömper/Stein*, BGebG, § 20 Rn. 3.
76 *Polenz*, in: Bink/Polenz/Blatt (Hrsg.), IFG, § 10 Rn. 18, VG Berlin, Urteil v. 8.11.2012, 2 K 2/12 = BeckRS 2013, 45805.
77 *Prömper/Stein*, BGebG, § 15 Rn. 3.
78 Daher besteht auch keine generelle Hinweispflicht auf die Erhebung von Gebühren, siehe *Schoch*, IFG, § 10 Rn. 45; Hierzu auch Teil 3 I 1.
79 U.a.: *Sicko*, in Gersdorf/Paal (Hrsg.), BeckOK InfoMedienR, § 10 IFG Rn. 21; *Reinhart*, DÖV 2007, 18 (23); VG Köln, Urteil v. 16.9.2020, 22 K 3430/18 = BeckRS 2020,

insbesondere der Wert der Information für den Antragsteller oder der Umfang der Auskunft, wird hingegen abgelehnt.[80] Begründet wird diese Sichtweise mit der Gesetzesbegründung, die als Beispiel die Erteilung einer Auskunft ohne Rechercheaufwand benennt.[81] Zudem ergebe sich aus dem Wortlaut des § 10 Abs. 2 IFG, nach dem die Gebühr unter Berücksichtigung des Verwaltungsaufwandes zu bemessen ist, dass die Frage, ob überhaupt eine Gebühr zu erheben ist, nur nach Maßgabe des Verwaltungsaufwandes beantwortet werden könne.[82]

Diese Auslegung ist insofern bemerkenswert, als dass im Rahmen des § 10 Abs. 2 IFG der Verwaltungsaufwand auch und nicht ausschließlich zu berücksichtigen ist. Die Berücksichtigung weiterer Kriterien wird demnach vorausgesetzt.[83] Der normsystematische Begründungsansatz ist daher problematisch. Zudem benennt die Gesetzesbegründung lediglich ein Beispiel. Sie steht der Berücksichtigung weiterer Kriterien jedenfalls nicht entgegen. Um zu ermitteln, ob eine einfache Auskunft vorliegt, kann sich die Behörde somit zwar vorrangig am Verwaltungsaufwand orientieren. Dabei kann der in der Bundesverwaltung übliche Richtwert von etwa 30 Minuten[84] ein sachgerechter Maßstab sein. Sie darf diesen Wert allerdings nicht als strengen Grenzwert anwenden,[85] denn eine Auskunft kann ggf. auch aufgrund anderer gewichtiger Umstände als einfache Auskunft i.S.d. § 10 Abs. 1 S. 2 IFG anzusehen sein. In Betracht kommen insbesondere Auskünfte von äußerst geringem Umfang oder objektiv geringem Informationswert, für deren Erteilung womöglich ein etwas höherer Zeitaufwand angefallen ist, bei denen jedoch unter Berücksichtigung aller Umstände selbst eine anteilige Kompensation der aufgewendeten Verwaltungsleistung durch die Erhebung einer Gebühr unverhältnismäßig wäre.[86]

28474; Ebenfalls: Begründung zur IFGGebV, S. 7, abrufbar unter: https://fragdenstaat. de/dokumente/7955-ifggebv_mitbegrndung/, zuletzt abgerufen am 16.5.2021.

80 *Schoch*, IFG, § 10 Rn. 54; *Sicko*, in Gersdorf/Paal (Hrsg.), BeckOK InfoMedienR, § 10 IFG Rn. 21.

81 *Schoch*, IFG, § 10 Rn. 53.

82 *Polenz*, in: Brink/Polenz/Blatt, IFG, § 10 Rn. 6; *Sicko*, in Gersdorf/Paal (Hrsg.), BeckOK InfoMedienR, § 10 IFG Rn. 21.

83 Andernfalls wäre das Wort „auch" überflüssig. Siehe *Sicko*, in: Gersdorf/Paal (Hrsg.), BeckOK InfoMedienR, § 10 IFG Rn. 34.

84 Siehe: Unterrichtung des Deutschen Bundestages durch die BfDI, BT-Drs. 19/3370, S. 35 f.

85 So wohl auch: *Polenz*, in: Brink/Polenz/Blatt, IFG, § 10 Rn. 6.

86 Nicht anders ist es zu verstehen, wenn die Lit. für eine Entscheidung nach den Umständen des Einzelfalls plädiert, u.a. *Ziekow/Debus/Musch*, Informationsfreiheitsrecht, S. 257.

b) Die Ablehnung des Antrags

Nach dem in der Gesetzesbegründung zum Ausdruck kommenden Willen des Gesetzgebers sollen bei der Ablehnung des Antrags keine Gebühren anfallen.[87] Im Wortlaut des IFG findet sich diese Vorstellung nicht wieder. Gemäß § 10 Abs. 1 S. 1 IFG wird die Erhebung von Gebühren als Regelfall ausgestaltet und umfasst daher auch den individuell zurechenbaren Verwaltungsaufwand bei der Ablehnung eines IFG-Antrags, zumal die Verwaltung gemäß § 9 Abs. 1 IFG zur Bekanntgabe der ablehnenden Entscheidung verpflichtet ist.[88]

Der Verordnungsgeber ist der Vorstellung des Gesetzgebers indes gefolgt und hat von einem Gebührentatbestand für den Fall der Antragsablehnung im Rahmen der IFGGebV abgesehen. Eine klarstellende Regelung, vergleichbar mit § 3 UIGGebV,[89] fehlt allerdings ebenso. In der Begründung zur IFGGebV erläutert der Verordnungsgeber, dass wegen der in § 10 Abs. 3 S. 2 IFG getroffenen Regelung, nach der § 10 BGebG keine Anwendung findet, keine Gebühren bei der Antragsablehnung anfallen.[90]

Teile der Literatur stimmen dieser Sichtweise zu und betonen, der Ausschluss von § 10 BGebG könne unter Berücksichtigung der Gesetzesbegründung nur so verstanden werden, dass bei der Antragsablehnung keine Gebühren anfallen.[91] Darüber hinaus spreche der Sinn und Zweck des § 10 Abs. 2 IFG sowie der in der Gesetzesbegründung enthaltene Verweis auf das UIG dafür, dass Gebühren, so wie in § 12 Abs. 2 S. 1 UIG, nur bei der Übermittlung von Informationen anfallen.[92] Ferner sei § 10 Abs. 2 IFG unter Berücksichtigung der Gesetzesbegründung so auszulegen, dass er der Erhebung von Gebühren im Fall der Antragsablehnung entgegenstehe.[93] Schließlich wird vereinzelt vertreten, bei einer Antragsablehnung handele es sich oftmals um einen Fall des § 10 Abs. 1 S. 2 IFG.[94]

---

87 BT-Drs. 15/4493, S. 16.
88 *Ziekow/Debus/Musch*, Informationsfreiheitsrecht, S. 256; *Schoch*, NVwZ 2017, 97 (105).
89 § 3 UIGGebV: „Wird ein Antrag (...) abgelehnt (...), werden keine Gebühren und Auslagen erhoben".
90 Siehe Begründung zur IFGGebV, S. 5 (Fn. 79).
91 *Debus*, DVBl 2013, 9 (11); *Sicko*, in: Gersdorf/Paal (Hrsg.), BeckOK InfoMedienR, § 10 IFG Rn. 28.
92 *Berger*, in: Berger/Partsch/Roth/Scheel, IFG, § 10 Rn. 1.
93 *Debus*, DVBl 2013, 9 (11); *Sicko*, in: Gersdorf/Paal (Hrsg.), BeckOK InfoMedienR, § 10 IFG Rn. 28.
94 *Kugelmann*, IFG, S. 86.

Diese Auffassung stößt teilweise auf erheblichen Widerspruch. Insbesondere wird betont, es bedürfe einer klaren gesetzlichen Regelung, um eine Ausnahme von dem in § 10 Abs. 1 S. 1 IFG vorgesehenen gesetzlichen Regelfall zu rechtfertigen.[95] Der in § 10 Abs. 3 S. 2 IFG geregelte Ausschluss des § 10 BGebG könne nicht zu einem Entfall von Gebühren im Fall der Antragsablehnung führen, da § 10 BGebG keinen Tatbestand für die Gebührenerhebung bei der Antragsablehnung schaffe, sondern diesen voraussetze.[96] Auch der Verweis auf § 10 Abs. 2 IFG und die Regelungen des IFG könne nicht überzeugen, denn im UIG sei die Gebührenfreiheit bei der Antragsablehnung eine zwingende Vorgabe des Unionsrechts,[97] welches keine Auswirkungen auf das IFG habe.[98]

Die Versuche, den Entfall von Gebühren im Fall der Antragsablehnung aus den Regelungen des IFG herzuleiten, können nicht überzeugen. Dies gilt zunächst für die in § 10 Abs. 3 S. 2 IFG getroffene Regelung, aus der sich der Entfall von Gebühren nicht herleiten lässt. Der Ausschluss des § 10 BGebG kann schon aus gesetzessystematischen Gründen nicht zu dem durch den Gesetzgeber intendierten Ziel führen. Denn der Zweck des § 10 BGebG liegt darin, für besondere gebührenrechtlich relevante Tatbestände abweichende Regelungen auf Rechtsfolgenseite zu treffen. Hierfür ermöglicht § 10 BGebG das Ermäßigen oder Absehen von Gebühren bzw. ordnet dies in einzelnen Fällen konkret an. Für die Entstehung von Gebühren auf tatbestandlicher Seite ist daher irrelevant, ob eine Regelung in Gestalt des § 10 BGebG existiert oder nicht. Demzufolge kann § 10 Abs. 3 S. 2 IFG nicht zu einem abweichenden Ergebnis auf tatbestandlicher Seite führen.[99] Darüber hinaus führt der Ausschluss von § 10 BGebG auch auf Rechtsfolgenseite nicht zu dem gewünschten Ziel. § 10 Abs. 3 S. 2 IFG führt lediglich zur Unanwendbarkeit des § 10 BGebG und damit zum Entfall der dort vorgesehenen besonderen Rechtsfolgen, ohne dass gleichzeitig andere geeignete Rechtsfolgen angeordnet werden. Daraus ergeben sich rechtlich zweifelhafte Folgen, denn die in § 10 BGebG getroffenen Regelungen wären mit den Zielen des Gesetzgebers im Rahmen des IFG in Teilen durchaus vereinbar.[100] Dies gilt vor allem für § 10 Abs. 2 S. 2 BGebG, nach dem bei Anträgen, die allein wegen der Unzuständigkeit der Behörde abgelehnt werden, keine Gebühren erhoben

---

95 *Schoch*, IFG, § 10 Rn. 58.

96 *Berger*, in: Berger/Partsch/Roth/Scheel, IFG, § 10 Rn. 19.

97 Art. 5 Abs. 2 der Richtlinie 2003/4/EG (UIRL).

98 *Schomerus/Tolkmitt*, DÖV 2007, 985 (991); *Schoch*, IFG, § 10 Rn. 58.

99 *Schoch*, IFG, § 10 Rn. 60.

100 *Schoch*, IFG, § 10 Rn. 106.

werden. Das Risiko des Antragstellers, dass sein Antrag allein aufgrund der Unzuständigkeit der Behörde abgelehnt wird, ist gerade im Rahmen des IFG mit Blick auf die erforderliche Verfügungsberechtigung i.S.d. § 7 Abs. 1 S. 1 IFG[101] erhöht. Für diese Fälle böte § 10 Abs. 2 S. 2 BGebG eine zielführende Regelung.

Auch der Verweis auf § 12 Abs. 1 S. 1 UIG ist nicht überzeugend, denn wenn der Gesetzgeber in § 10 Abs. 2 IFG eine Rechtsgrundverweisung auf den Gebührentatbestand des UIG hätte regeln wollen, hätte er dies entsprechend im Wortlaut der Norm zum Ausdruck bringen müssen.[102] Zudem weichen § 10 Abs. 1 IFG und § 12 Abs. 1 S. 1 UIG inhaltlich voneinander ab. Anders als im IFG ist die Gebührenfolge im UIG an die Informationsübermittlung und nicht an das Verwaltungsverfahren geknüpft.[103] Es ist daher naheliegend, dass sich die zitierte Passage der Gesetzesbegründung ihrem Sinn nach auf den sich anschließenden Satz bezieht, nachdem die Gebühren „also" nicht abschreckend wirken dürfen. Es dürfte sich lediglich um einen Verweis auf die bisherigen Erfahrungssätze zum UIG handeln.

Ferner steht der Wortlaut und der Sinn und Zweck des § 10 Abs. 2 IFG der Erhebung von Gebühren im Fall der Antragsablehnung nicht entgegen, denn bei § 10 Abs. 2 IFG handelt es sich lediglich um eine Zielvorgabe,[104] die keine näheren Vorgaben darüber trifft, auf welchem Weg dieses Ziel zu erreichen ist. Es gibt aber keinen Erfahrungssatz, nach dem schon der mögliche Anfall von Gebühren bei der Antragsablehnung das Risiko einer abschreckenden Wirkung in sich trägt, so dass die Erhebung von Gebühren von vornherein ausgeschlossen ist. Dies gilt erst recht, wenn angemessene Ermäßigungen auf Rechtsfolgenseite möglich sind.[105] Gerade im unmittelbaren Vergleich mit dem BGebG erweist sich der Verweis auf § 10 Abs. 2 IFG als nicht überzeugend. Denn obwohl mit § 9 Abs. 3 BGebG eine Regelung existiert, die mit § 10 Abs. 2 IFG nahezu identisch ist, kennt das BGebG keinen Ausnahmetatbestand bei der Antragsablehnung.

Soweit vereinzelt vertreten wird, bei einer Antragsablehnung handele es sich stets um einen Fall des § 10 Abs. 1 S. 2 IFG, geht auch diese Annahme fehl. Ungeachtet dessen, dass insbesondere bei einer auf §§ 3-6 IFG gestützten

---

101 Hierzu u.a. *Berger*, in: Berger/Partsch/Roth/Scheel, IFG, § 7 Rn. 2 ff. (5).

102 *Schoch*, IFG, § 10 Rn. 58; *Sicko*, in: Gersdorf/Paal (Hrsg.), BeckOK InfoMedienR, § 10 IFG Rn. 26.

103 *Schmitz/Jastrow*, NVwZ 2005, 984 (991).

104 *Sicko*, in: Gersdorf/Paal (Hrsg.), BeckOK InfoMedienR, § 10 IFG Rn. 40.

105 Diese Möglichkeit wird nicht zuletzt durch § 9 Abs. 5 BGebG eröffnet, siehe: *Prömper/Stein*, BGebG, § 9 Rn. 62 ff.

Antragsablehnung mit einem erhöhten Verwaltungsaufwand zur Durchführung der rechtlichen Prüfung auszugehen ist, so dass eine einfache Auskunft gemäß § 10 Abs. 1 S. 2 IFG nicht in Betracht kommt,[106] handelt es sich in diesen Fällen schon begrifflich nicht um eine Auskunft. Denn ein auf §§ 3-6 IFG gestützter ablehnender Bescheid enthält keinen selbständig abgrenzbaren Informationsgehalt, sondern lediglich die rechtliche Begründung der behördlichen Entscheidung.[107]

Im Ergebnis gibt es im IFG daher keine Regelung, die einer Gebührenerhebung bei der Antragsablehnung bereits auf tatbestandlicher Ebene entgegensteht. § 10 Abs. 1 S. 1 BGebG gestattet vielmehr die Erhebung von Gebühren, auch im Fall der Antragsablehnung.

Gleichwohl können im Einzelfall die Kosten bei einem abgelehnten IFG-Antrag aus tatbestandlichen Gründen gemäß § 10 Abs. 1 S. 2 IFG entfallen. Beruht die ablehnende Entscheidung nämlich auf der Mitteilung, dass die vom Antragsteller begehrte Information nicht bei der Behörde vorliegt oder es der Behörde an der erforderlichen Verfügungsberechtigung mangelt, kommt eine tatbestandliche Ausnahme i.S.d. § 10 Abs. 1 S. 2 IFG in Betracht. In diesem Fall enthält die ablehnende Entscheidung einen von der Sachentscheidung abgrenzbaren tatsächlichen Informationsgehalt. Darin unterscheidet sich die Ablehnung von einer Ablehnung aus Rechtsgründen. Entsprechendes gilt für eine Ablehnung gemäß § 9 Abs. 3 IFG, wenn dem Antragsteller mitgeteilt wird, dass er bereits über die Informationen verfügt oder er auf allgemein zugängliche Quellen verwiesen wird. Da in den vorbezeichneten Fällen der Ablehnung in der Regel kein erheblicher Verwaltungsaufwand anfällt, wird üblicherweise eine tatbestandliche Ausnahme i.S.d. § 10 Abs. 1 S. 2 IFG vorliegen.

c) Die Rücknahme des IFG-Antrags

Nach der Gesetzesbegründung soll auch die Rücknahme eines IFG-Antrags kostenfrei sein.[108] Ebenso wie im Fall der Antragsablehnung fehlt es aber auch diesbezüglich an einer entsprechenden gesetzlichen Regelung. Die in der Literatur vertretenen Begründungsansätze, die das durch den Gesetzgeber vorgegebene Ziel stützen sollen, gleichen denen bei der Antragsablehnung.[109] Sie sind daher

---

106 *Schoch*, IFG, § 10 Rn. 58.
107 *Schoch*, IFG, § 10 Rn. 58.
108 BT-Drs. 15/4493, S. 16.
109 Vgl. *Schoch*, IFG, § 10 Rn. 61 f.; *Sicko*, in: Gersdorf/Paal (Hrsg.), BeckOK InfoMedienR, § 10 IFG Rn. 22 ff.

gleichermaßen zu kritisieren. Insofern kann auf die Ausführungen im vorherigen Abschnitt verwiesen werden. Im Ergebnis ist eine tatbestandliche Ausnahme bei der Antragsrücknahme, von der gemäß § 10 Abs. 1 S. 1 IFG grundsätzlich vorgesehenen Gebührenfolge, nicht mit den Regelungen des IFG zu vereinbaren.

Hinzu kommt, dass ein Ausschluss jeglicher Gebühren bei der Antragsrücknahme zu einem erheblichen Missbrauchsrisiko führt, welches sich zu Lasten der Verwaltung auswirkt.[110] Ursächlich hierfür sind zwei Faktoren: Erstens nimmt der Ausgang des Verfahrens auf die Ermittlung der angefallenen Leistungen der Verwaltung keinen wesentlichen Einfluss, da der Großteil des Aufwands bereits im Rahmen der Antragsbearbeitung anfällt.[111] Je später der Antragsteller zurücktritt, desto höher ist die Wahrscheinlichkeit, dass zu diesem Zeitpunkt bereits ein erheblicher Teil der erforderlichen Leistungen erbracht wurde. Zweitens ist der Antragsteller frei darin, bis zum Zeitpunkt der Bekanntgabe der Entscheidung, die Rücknahme seines Antrags zu erklären.[112] Ein unredlich agierender Antragsteller kann daher der Verwaltung durch einen entsprechend umfangreichen IFG-Antrag erhebliche Lasten auferlegen, ohne mit der Erhebung von Gebühren rechnen zu müssen, solange er rechtzeitig die Rücknahme seines Antrags erklärt.

Um dieses Risiko zu unterbinden, böte § 10 Abs. 5 BGebG eine angemessene Rechtsfolge. Demnach könnten auch bei der Rücknahme eines Antrags bis zu 75 % der vorgesehenen Gebühr erhoben werden. Die Regelung dient damit einerseits dem Interesse der Allgemeinheit an einer kostendeckend arbeitenden Verwaltung[113] und andererseits dem berechtigten Interesse des (redlichen) Antragstellers, an einer angemessenen Reduzierung der Gebühr. Die durch § 10 Abs. 3 S. 2 IFG geregelte Unanwendbarkeit des § 10 BGebG ist somit auch vor diesem Hintergrund zu kritisieren. Sie privilegiert den unredlichen Antragsteller

---

110 Der in der Literatur mitunter vorherrschende Vertrauensvorschuss, siehe u.a. *Uphues*, ZRP 2021, 41 (42), ist nicht gerechtfertigt. So betreibt bspw. die Seite „fragdenstaat.de" regelmäßig sog. „IFG-Meisterschaften", bei denen der Informationszugang ersichtlich nur als Vehikel dient, um die Bearbeitungszeit bei den Behörden zu kontrollieren. Siehe: https://fragdenstaat.de/aktionen/ifg-meisterschaften/2020/, zuletzt abgerufen am: 16.5.2021. Die bisherigen Erfahrungen zeigen, dass sich das IFG eher zu Lasten der Behörden auswirkt, *Schoch*, IFG, § 10 Rn. 125 m.w.N.

111 Ein besonders hoher Aufwand fällt insb. zur Vorbereitung der Akteneinsicht an, vgl. *Steinbach/Hochheim*, NZS 2006, 517 (523 f.).

112 *Schwarz*, in: Fehling/Kastner/Störmer (Hrsg.), VerwR, § 22 VwVfG Rn. 50.

113 *Brüning*, DÖV 2020, 430 (431).

und entzieht den Behörden ein wirksames Mittel zur Abwehr missbräuchlicher Anträge.[114]

d) Leistungen der Verwaltung auf Grundlage der §§ 11 und 12 IFG

Gemäß § 11 IFG sind die Behörden auch außerhalb eines konkreten IFG-Verfahrens zur Veröffentlichung bestimmter Informationen verpflichtet. Leistungen der Verwaltung, die der Erfüllung dieser Veröffentlichungspflichten dienen, können daher nicht individuell zugerechnet werden.[115] Demzufolge fällt in diesen Fällen keine Gebühr i.S.d. § 10 Abs. 1 S. 1 IFG an.

Zudem herrscht Einvernehmen darüber, dass auch für das Tätigwerden des BfDI infolge einer gemäß § 12 IFG vorgesehenen Anrufung durch den Antragsteller keine Gebühren i.S.d. § 10 Abs. 1 S. 1 IFG anfallen,[116] obwohl die Leistungen grundsätzlich individuell zurechenbar sind.[117] Dieses Ergebnis wird mit der Systematik des Gesetzes begründet, nach der das in § 12 IFG geregelte Verfahren keine Berücksichtigung im Rahmen der gebührenrechtlichen Regelung in § 10 Abs. 1 S. 1 IFG finden soll, weil es hinter § 10 IFG stehe.[118] Diese Argumentation ist indes wenig überzeugend.[119]

Dennoch ist der Auffassung, nach der das Verfahren i.S.d. § 12 IFG keine Gebühren auslöst, zuzustimmen. Hierfür spricht, dass die Erhebung von Gebühren für die Durchführung von Vermittlungsverfahren beim BfDI unüblich ist und den Zwecken des Verfahrens zuwider läuft.[120] Auf dem Gebiet des Datenschutzrechts waren schon nach der alten Rechtslage[121] keine Gebühren für die Durchführung des Vermittlungsverfahrens vorgesehen. Nach aktueller

---

114 Damit bedroht die Regelung die behördliche Arbeitsfähigkeit; Zu diesem Spannungsverhältnis: *Griebel*, Absicherung von Informationsfreiheitsrechten, S. 206; Zumal die Anforderungen für die Ablehnung eines Antrags als rechtsmissbräuchlich hoch sind, hierzu: siehe: BVerwG, Urteil v. 15.12.2020, 10 C 24/19 = NVwZ 2021, 642 (643), so dass sich die Behörde vor einem missbräuchlichen Rücktritt faktisch nicht schützen kann.

115 U.a.: *Schoch*, IFG, § 10 Rn. 29.

116 *Roth*, in: Berger/Partsch/Roth/Scheel, IFG, § 12 Rn. 17; *Sicko*, in: Gersdorf/Paal (Hrsg.), IFG, § 10 Rn. 11a; *Ziekow/Debus/Musch*, Informationsfreiheitsrecht, S. 258.

117 *Schoch*, IFG, § 12 Rn. 35; a.A. *Sicko*, in: Gersdorf/Paal (Hrsg.), IFG, § 10 Rn. 11a.

118 *Ziekow/Debus/Musch*, Informationsfreiheitsrecht, S. 258 m.w.N.

119 Dies belegt u.a. die offenbar für erforderlich erachtete Erwähnung von § 11 IFG in der IFGGebV; kritisch auch: *Schoch*, IFG, § 10 Rn. 30.

120 *Schoch*, IFG, § 12 Rn. 36.

121 Siehe § 21 BDSG a.F.

Rechtslage gilt gemäß Art. 57 Abs. 3 DSGVO sogar ausdrücklich der Grundsatz der Unentgeltlichkeit. Wenn der Gesetzgeber im Rahmen des IFG eine abweichende Regelung hätte treffen wollen, hätte er daher ausdrücklich eine Gebührenfolge für Leistungen gemäß § 12 IFG anordnen müssen.[122]

4. Persönliche Befreiungstatbestände

Der Informationsanspruch nach dem IFG des Bundes steht jedermann zur Verfügung. Damit geht das IFG über die Informationsfreiheitsgesetze einiger Bundesländer hinaus, die den Anspruch mitunter nur natürlichen Personen zubilligen.[123] Auch seinem übrigen Inhalt nach bietet das IFG keine Anhaltspunkte für eine Differenzierung zwischen unterschiedlichen Gruppen von Antragstellern.[124] Weder das IFG noch die IFGGebV enthalten explizite persönliche Befreiungstatbestände hinsichtlich der Gebührenfolge.

Im Gegensatz zum IFG hatte es der Gesetzgeber in der Gesetzesbegründung zum UIG für erforderlich erachtet, explizit auf die Möglichkeit eines Verzichts auf Gebühren aus Billigkeitserwägungen bei bestimmten Antragstellern hinzuweisen. Demnach soll insbesondere bei anerkannten Naturschutzverbänden, die bei gesetzlich vorgesehener Beteiligung weitere Informationen benötigen, ein Absehen von Gebühren in Betracht kommen.[125] In der Gesetzesbegründung zum IFG fehlt es an entsprechenden Ausführungen. Zudem bezieht sich die Gesetzesbegründung zum UIG auf die Rechtsfolgenseite der Gebührenerhebung. Gegen die Annahme persönlicher Befreiungstatbestände spricht auch der Zweck des IFG, die Förderung der Bürgerbeteiligung, ohne Ansehung bestimmter Motive und Interessen.[126] Das Einräumen von Befreiungstatbeständen zu Gunsten bestimmter Personen- oder Interessensgruppen würde diesem Ziel widersprechen. Es gibt daher keine Veranlassung, bestimmte Personen- oder Interessensgruppen von vornherein von der Gebührenfolge des § 10 Abs. 1 S. 1 IFG auszuschließen. Dies gilt auch für Vertreter der Presse.[127] Dessen ungeachtet können besondere in der Person des Antragstellers liegende Gründe auf Rechtsfolgenseite zu berücksichtigen sein.[128]

---

122 *Schoch*, IFG, § 12 Rn. 36.
123 Bspw. § 4 Abs. 1 IFG NRW; § 3 Abs. 1 IFG Bln.
124 Vgl. BVerwG, Urteil v. 20.2.2013, 6 A 2/12 = NVwZ 2013, 1006 (1009).
125 BT-Drs. 15/3406, S. 22.
126 BT-Drs. 15/4493, S. 1.
127 OVG Berlin-Brandenburg, Urteil v. 6.11.2014, 12 B 14.13 (juris).
128 Siehe Teil 2 IV.

Eine persönliche Gebührenfreiheit kommt allenfalls im Rahmen der Befreiungstatbestände des § 8 BGebG in Betracht. Die dort benannten Behörden und sonstigen öffentlichen Stellen werden indes überwiegend als nicht antragsberechtigt im Sinne des § 1 Abs. 1 IFG angesehen.[129] Es erscheint jedoch zweifelhaft, ob öffentlichen Stellen der Anspruch nach dem IFG generell versagt bleibt. Der Wortlaut bietet hierfür keinen Anhaltspunkt.[130] Eine Antragsbefugnis öffentlicher Stellen dürfte zumindest in Betracht kommen, wenn diese oelbot grundrechtsberechtigt sind[131] und den Zielen des IFG, der Beteiligung der Bürgerinnen- und Bürger, aufgrund ihres gesetzlichen Auftrags selbst verpflichtet sind.[132]

---

129 U.a.: *Scheel*, in: Berger/Partsch/Roth/Scheel, IFG, § 1 Rn. 21; *Schmitz/Jastrow*, NVwZ 2005, 984 (987).
130 So auch: *Schoch*, IFG, § 1 Rn. 74.
131 Vgl. u.a. *Scheel*, in: Berger/Partsch/Roth/Scheel, IFG, § 1 Rn. 21.
132 Zu denken ist hier insb. an öff.-rechtl. Rundfunkanstalten sowie Anstalten oder Stiftungen des öff. Rechts, die auf dem Gebiet der politischen Bildung oder historischen Aufarbeitung tätig sind. Vgl. *Kloepfer/v. Lewinski*, DVBl 2005, 1277 (1280); *Kugelmann*, IFG, S. 23; *Scheel*, in: Berger/Partsch/Roth/Scheel, IFG, § 1 Rn. 21.

Teil 2: Die Bemessung der Gebühr

I. Die Bemessungsmaßstäbe des § 10 Abs. 2 IFG

1. Die Berücksichtigung des Verwaltungsaufwandes

§ 10 Abs. 2 IFG benennt zwei Bemessungskriterien, die Berücksichtigung des Verwaltungsaufwandes und das Gebot der wirksamen Inanspruchnahme des Informationszugangs. Das zuerst genannte Kriterium knüpft an die dem Gebührenschuldner zuzurechnende Leistung der Verwaltung an, die zur Bearbeitung des IFG-Antrags angefallen ist. Damit greift § 10 Abs. 2 IFG den Gebührenzweck der Kostendeckung auf, der in § 9 Abs. 1 BGebG als leitender Maßstab des allgemeinen Gebührenrechts festgeschrieben ist,[133] ohne diesen unmittelbar auf das IFG zu übertragen.[134] Im Gegensatz zu § 9 Abs. 1 BGebG ist der Verwaltungsaufwand im Rahmen des § 10 Abs. 2 IFG lediglich zu berücksichtigen. Eine vollständige Deckung der Kosten wird hingegen nicht angestrebt.[135]

Aus der Berücksichtigung des Verwaltungsaufwandes folgt, dass die Gebühr in einem angemessenen Verhältnis zu dem geleisteten Aufwand zu stehen hat. Ein hoher Aufwand muss sich in einer höheren Gebühr widerspiegeln als ein geringerer Aufwand.[136] Das Bemessungskriterium greift daher auch Elemente des Äquivalenzprinzips auf, dass nach der alten Rechtslage (§ 3 S. 1 VwKostG) das für die Gebührenbemessung maßgebliche Prinzip war.[137]

2. Die wirksame Inanspruchnahme des Informationszugangs

Als weiteren Bemessungsmaßstab benennt § 10 Abs. 2 IFG das Gebot der wirksamen Inanspruchnahme des Informationszugangs. Nach der Gesetzesbegründung ist dieses Gebot als Verbot zu verstehen, das einer von der Gebührenerhebung ausgehenden abschreckenden Wirkung entgegensteht.[138] Es dient

---

133 *Prömper/Stein*, BGebG, § 9 Rn. 1 f.
134 *Debus*, DVBl 2013, 9 (11); BVerwG, Urteil v. 13.10.2020, 10 C 23/19 = NVwZ 2021, 497 (498).
135 BT-Drs. 15/4493, S. 16.
136 BVerwG, Urteil v. 13.10.2020, 10 C 23/19 = NVwZ 2021, 497 (498).
137 *Debus*, DVBl 2013, 9 (11 f.); *Prömper/Stein*, BGebG, § 9 Rn. 2, 43.
138 BT-Drs. 15/4493, S. 16.

dazu, die durch das IFG intendierte Stärkung demokratischer Beteiligungsrechte gebührenrechtlich abzusichern,[139] denn durch eine ausufernde Erhebung
von Gebühren könnte das Informationsrecht faktisch erheblich beschränkt
werden.[140]

Sowohl nach dem Wortlaut als auch nach dem Sinn und Zweck des § 10
Abs. 2 IFG wird das Gebot der wirksamen Inanspruchnahme des Informationszugangs als leitendes Bemessungsprinzip ausgestaltet.[141] Es ist stets und in
vollem Umfang zu gewährleisten[142] und wirkt sich in zweierlei Hinsicht auf die
Gebührenerhebung aus.

Zum einen steht es einer exzessiven, objektiv abschreckenden Gebührenerhebung entgegen.[143] Nach der Gesetzesbegründung geht der Gesetzgeber davon
aus, dass eine Gebühr von mehr als 500 EUR objektiv abschreckend wirkt.[144]
Dieser Wert, der dem in der UIGGebV festgeschriebenen Höchstwert entspricht, wurde indes nicht in den Gesetzestext des IFG überführt und hat daher
keine Bindungswirkung für den Verordnungsgeber.[145] Allerdings tritt der Wille
des Gesetzgebers deutlich zu Tage, so dass der Verordnungsgeber die 500 EUR
Grenze nicht ignorieren kann, sondern diese zumindest als Richtwert zu berücksichtigen hat.[146] Als fixer Richtwert ist die 500 EUR Grenze nicht geeignet, den
wirtschaftlichen und rechtlichen Entwicklungen dauerhaft gerecht zu werden.
Unter der Maßgabe, dass eine objektiv abschreckende Wirkung zu verhindern
ist, darf die Entwicklung der wirtschaftlichen und rechtlichen Rahmenbedingungen nicht unberücksichtigt bleiben. Schon heute stellt ein Betrag von 500
EUR durch die steigende Wirtschaftskraft und den schleichenden Inflations-
prozess eine geringere finanzielle Hürde dar, als noch im Jahr 2006.[147] Zudem

---

139 *Sicko*, in: Gersdorf/Paal (Hrsg.), BeckOK InfoMedienR, § 10 Rn. 39; BVerwG, Urteil
     v. 20.10.2016, 7 C 6.15 = ZUM-RD 2017, 499 (500 f.).
140 *Griebel*, Absicherung von Informationsfreiheitsrechten, S. 229.
141 Die Stärkung demokratischer Beteiligungsrechte ist als übergeordneter Zweck des IFG
     das maßgebliche Kriterium für die Auslegung der einzelnen Normen, siehe: *Assen-
     brunner*, DÖV 2012, 547 ff.
142 BVerwG, Urteil v. 20.10.2016, 7 C 6.15 = ZUM-RD 2017, 499 (501).
143 *Schoch*, IFG, § 10 Rn. 78 ff.
144 BT-Drs. 15/4493, S. 16.
145 *Schoch*, IFG, § 10 Rn. 80; BVerwG, Urteil v. 13.10.2020, 10 C 23/19 = NVwZ 2021, 497
     (498); a.A. wohl *Schomerus/Tolkmitt*, DÖV 2007, 985 (991).
146 *Sicko*, in: Gersdorf/Paal (Hrsg.), BeckOK InfoMedienR, § 10 IFG Rn. 41.
147 Siehe: Statistisches Bundesamt, Preise Verbraucherpreisindizes für Deutsch-
     land, Lange Reihen ab 1948, März 2021, S. 5, abrufbar unter: https://www.desta
     tis.de/DE/Themen/Wirtschaft/Preise/Verbraucherpreisindex/Publikationen/

wurden die Gebührensätze für Verwaltungsleistungen in anderen Gebührenver-
ordnungen seither mehrfach erhöht, so dass die Gebühren im Rahmen eines
IFG-Verfahrens in Relation zu anderen Verwaltungsleistungen inzwischen
weniger stark ins Gewicht fallen.[148] Ob eine Gebühr von mehr als 500 EUR weiterhin als objektiv abschreckend angesehen werden kann, erscheint vor diesem
Hintergrund zumindest fraglich.[149]

Zum anderen hat das Gebot der wirksamen Inanspruchnahme des Informationszugangs unmittelbare Bedeutung für den jeweiligen Einzelfall. Insbesondere
zwingt es die Verwaltung dazu, die Umstände des Informationszugangs vollständig zu berücksichtigen.[150] Nach Auffassung des BVerwG ist es der Behörde
allerdings verwehrt, die individuellen Verhältnisse des Antragstellers oder dessen Motivlage zu berücksichtigen.[151] Dem kann jedoch nicht gefolgt werden. Die
Frage, ob eine Gebühr abschreckende Wirkung entfaltet, kann nicht unter Ausschluss der individuellen Umstände auf Seiten des Antragstellers beantwortet
werden.[152] Die Berücksichtigung dieser Umstände steht auch nicht im Widerspruch zum Wesen des Informationsanspruchs nach dem IFG, obwohl dieser
voraussetzungslos gewährleistet wird.[153] Die fehlende Begründungspflicht
dient der unterschiedslosen, diskriminierungsfreien Gewährleistung des Informationszugangs, unabhängig von der individuellen Motivlage.[154] Dieses Ziel
wirkt auf gebührenrechtlicher Seite fort, denn der Behörde ist es verwehrt, bei
einer als unliebsam empfundenen Motivlage des Antragstellers höhere Gebühren zu erheben.[155] Aus der fehlenden Begründungspflicht lässt sich jedoch kein

---

Downloads-Verbraucherpreise/verbraucherpreisindex-lange-reihen-pdf-5611103.
pdf;jsessionid=37A7834EC9EB8CA8AD43E6663F5403DA.live741?__blob=publi-
cationFile, zuletzt abgerufen am: 16.5.2021.
148 Zuletzt bspw. Anpassung der Gebührensätze der AGebV durch die VO zur Änderung
   gebührenrechtlicher Regelungen in der Allgemeinen GebührenVO und der Besonderen GebührenVO BMI v. 11.2.2021.
149 Ein moderates Anheben der Gebührensätze wäre nach mehr als 15 Jahren seit Inkrafttreten des IFG wohl weniger rechtfertigungsbedürftig.
150 *Schoch*, IFG, § 10 Rn. 81 ff.
151 BVerwG, Urteil v. 13.10.2020, 10 C 23/19 = NVwZ 2021, 497 (498); bestätigend: *Sicko*,
   in: Gersdorf/Paal (Hrsg.), BeckOK InfoMedienR, § 10 IFG Rn. 39.
152 Vgl. *Hofmann*, Anm. zu BVerwG, 10 C 23/19 = NVwZ 2021, 497 (500) unter Verweis
   auf EuGH, Urteil v. 6.10.2015, C-71/14 = NVwZ 2015, 1588 (1591).
153 *Kloepfer/v. Lewinski*, DVBl 2005, 1277 (1285).
154 *Sitsen*, Das IFG des Bundes, S. 152 ff.
155 Dies gilt selbst für missbräuchliche Anträge, siehe: *Schoch*, IFG, § 10 Rn. 9.

Verbot der Berücksichtigung wirtschaftlicher Faktoren auf Seiten des Antragstellers oder der aus dem Informationszugang gezogenen Vorteile ableiten. Im
Gegenteil, gerade durch diese Umstände wird das Risiko einer abschreckenden
Wirkung maßgeblich beeinflusst.[156] Die Berücksichtigung dieser Umstände
wird durch § 10 Abs. 2 IFG sogar unmittelbar vorausgesetzt.

3. Das Verhältnis der Bemessungsmaßstäbe des § 10 Abs. 2 IFG zueinander und ihr Verhältnis zu § 9 BGebG

a) Das Verhältnis der Bemessungsmaßstäbe zueinander

Die Bemessungsmaßstäbe des § 10 Abs. 2 IFG bedingen und ergänzen sich gegenseitig. Das Gebot der wirksamen Inanspruchnahme ist zwar geeignet, die Erhebung
von Gebühren der Höhe nach zu begrenzen, es bietet jedoch keinen Anhaltspunkt
für die untere Grenze der Gebühr. Denn das effektivste Mittel zur Sicherung des
Informationszugangs wäre der Verzicht auf die Gebühr.[157] Dies widerspräche allerdings dem Finanzierungszweck und den Vorgaben des § 10 Abs. 1 IFG.[158] Es bedarf
daher notwendigerweise weiterer Kriterien, um die Höhe der Gebühr bestimmen
zu können. Der Verwaltungsaufwand ist dabei ein zwingend zu beachtendes, aber
nicht das einzige Kriterium zur Bemessung der Gebühr.[159] Dies folgt aus dem Wort
„auch", welches überflüssig wäre, wenn der Gesetzgeber die Bemessung der Gebühr
auf die in § 10 Abs. 2 IFG benannten Kriterien hätte beschränken wollen. Die
Bemessungsmaßstäbe des § 10 Abs. 2 IFG zeigen sich demnach offen für die Einbe-
ziehung weiterer Kriterien. In diesem Zusammenhang kommen insbesondere die
Bemessungsmaßstäbe des allgemeinen Gebührenrechts in Betracht, das gemäß § 2
Abs. 2 BGebG grundsätzlich subsidiär zum IFG zur Anwendung gelangt.

b) Das Verhältnis zu den Bemessungsmaßstäben des § 9 BGebG

Ob die in § 9 BGebG benannten Bemessungsmaßstäbe neben bzw. ergänzend
zu den in § 10 Abs. 2 IFG benannten Bemessungsmaßstäben zur Anwendung
kommen, ist umstritten. Während Teile der Literatur davon ausgehen, dass

---

156 Vgl. zum UIG: *Reidt/Schiller*, in: Landmann/Rohmer (Hrsg.), Umweltrecht I, § 12
     UIG Rn. 30.
157 *Debus*, DVBl 2013, 9 (15).
158 *Kirchhof*, Die Höhe der Gebühr, S. 133.
159 *Sicko*, in: Gersdorf/Paal (Hrsg.), BeckOK InfoMedienR, § 10 IFG Rn. 34.

die Bemessungsgrundsätze des § 9 BGebG ergänzend heranzuziehen sind,[160] gelangt das BVerwG zu der Auffassung, dass § 10 Abs. 2 IFG keinen Raum für eine ergänzende Heranziehung der Bemessungsmaßstäbe des allgemeinen Gebührenrechts lasse.[161]

Der Wortlaut des § 10 Abs. 2 IFG sowie die Gesetzessystematik bestätigen eher die Sichtweise der Literatur, während die der Gebührenbemessung im Rahmen des IFG innewohnenden Besonderheiten eher die Sichtweise des BVerwG stützen. Ob die Bemessungsmaßstäbe des § 10 Abs. 2 IFG noch Raum für eine ergänzende Anwendbarkeit des § 9 BGebG lassen, lässt sich nur anhand eines systematischen Vergleichs der Bemessungsgrundsätze beantworten.

aa) Das Prinzip der Kostendeckung, § 9 Abs. 1 BGebG

Das in § 9 Abs. 1 S. 1 BGebG benannte Kostendeckungsprinzip gilt nicht uneingeschränkt, da es sich lediglich um eine „soll-Vorschrift" handelt.[162] Im unmittelbaren Vergleich mit § 10 Abs. 2 IFG nimmt es gleichwohl eine weitaus prägendere Funktion ein, denn im Rahmen des § 10 Abs. 2 IFG sind die für die Verwaltungsleistung angefallenen Kosten lediglich zu berücksichtigen.[163] Daher liegt § 10 Abs. 2 IFG näher am Wortlaut des § 3 S. 1 Hs. 1 VwKostG, als am Wortlaut des § 9 Abs. 1 S. 1 BGebG. § 10 Abs. 2 IFG ist folglich seinem Wesen nach eine spezielle Ausprägung des Äquivalenzprinzips,[164] das die Erhebung einer kostendeckenden Gebühr nur unter vollständiger Wahrung des Gebots der wirksamen Inanspruchnahme des Informationszugangs ermöglicht.[165] § 10 Abs. 2 IFG enthält demnach einen spezielleren Bemessungsmaßstab, der das Kostendeckungsprinzip in § 9 Abs. 1 BGebG vollständig verdrängt.

---

160 *Sicko*, in: Gersdorf/Paal (Hrsg.), BeckOK InfoMedienR, § 10 IFG Rn. 3, 32; ebenso *Schoch*, IFG, § 10 Rn. 67, der einschränkend bemerkt, dass die Prinzipien des § 9 BGebG weitgehend durch § 10 Abs. 2 IFG derogiert werden.

161 BVerwG, Urteil v. 13.10.2020, 10 C 23/19 = NVwZ 2021, 497 (497).

162 *Schlabach*, NVwZ 2013, 1443 (1447).

163 *Sicko*, in: Gersdorf/Paal (Hrsg.), BeckOK InfoMedienR, § 10 IFG Rn. 34.

164 *Schoch*, IFG, § 10 Rn. 70.

165 Dies ergibt sich schon aus der Gesetzesbegründung, nach der die Gebühr nicht notwendig kostendeckend ist. Siehe: BT-Drs. 15/4493, S. 16. Daraus folgt, dass die Erhebung einer kostendeckenden Gebühr im Einzelfall zulässig sein kann. So auch: *Schmitz/Jastrow*, NVwZ 2005, 984 (991, Fn. 88).

bb) Das Prinzip der Vorteilsabschöpfung, § 9 Abs. 2 BGebG

§ 9 Abs. 2 BGebG bestimmt als weiteres Prinzip bei der Gebührenerhebung das Prinzip der Vorteilsabschöpfung. Das Prinzip soll eine kostenüberdeckende Gebühr ermöglichen, wenn die individuell zurechenbare Leistung der Verwaltung einen in Geld zu bemessenden wirtschaftlichen Wert oder Nutzen für den Antragsteller hat und die Berücksichtigung dieses Vorteils durch besondere Gebührenverordnung angeordnet wird.[166]

Als kostenüberdeckendes Prinzip steht das Prinzip der Vorteilsabschöpfung in einem gewissen Konflikt mit den Bemessungsgrundsätzen des § 10 Abs. 2 IFG. Erstens wird im IFG keine kostendeckende Gebühr angestrebt.[167] Zweitens könnten die Bemessungsmaßstäbe des § 10 Abs. 2 IFG der Erhebung kostenüberdeckender Gebühren entgegenstehen. Dies bedeutet jedoch nicht, dass die Berücksichtigung individueller Vorteile mit den Bemessungsgrundsätzen des § 10 Abs. 2 IFG unvereinbar ist,[168] zumal Informationen einen in Geld zu bemessenden und demnach abschöpfungsfähigen Vorteil haben können.[169] Das Prinzip der Vorteilsabschöpfung wird im Rahmen des IFG allerdings weitgehend vom Gebot der wirksamen Inanspruchnahme des Informationszugangs mit umfasst. Denn die individuell mit dem Informationszugang verbundenen Vorteile haben unmittelbaren Einfluss auf die Beantwortung der Frage, ob von der Gebühr eine abschreckende Wirkung ausgeht.[170] Dem Prinzip der Vorteilsabschöpfung kommt daneben keine eigenständige Bedeutung zu, denn in Fällen, in denen die Information einen besonders hohen Nutzen für den Antragsteller hat, sinkt das Risiko einer abschreckenden Wirkung, so dass eine höhere, zumindest kostendeckende Gebühr erhoben werden kann.[171]

Ob eine Abschöpfung weiterer Vorteile unter Einhaltung der Bemessungsmaßstände des § 10 Abs. 2 IFG möglich ist, erscheint zweifelhaft.[172] Dafür spricht, dass die Erhebung kostenüberdeckender Gebühren bei begünstigenden Verwaltungsleistungen, also auch bei Leistungen nach dem IFG, grundsätzlich

---

166 BT-Drs. 17/10422, S. 102.
167 *Schoch*, IFG, § 10 Rn. 73; BVerwG, Urteil v. 13.10.2020, 10 C 23/19 = NVwZ 2021, 497 (498); a.A. wohl: *Reinhart*, DÖV 2007, 18 (23).
168 *Ziekow/Debus/Musch*, Informationsfreiheitsrecht, S. 261.
169 Hierzu: *Püschel*, Informationen des Staates als Wirtschaftsgut, S. 48 ff.
170 Vgl. zum UIG: BVerwG, Urteil v. 27.3.2000, 7 C 25/98 = NVwZ 2000, 913 (914 f.).
171 BVerwG, Urteil v. 27.3.2000, 7 C 25/98 = NVwZ 2000, 913 (914 f.); ebenso: *Reidt/ Schiller*, in: Landmann/Rohmer (Hrsg.), Umweltrecht I, § 12 UIG Rn. 30.
172 Dafür: *Sicko*, in: Gersdorf/Paal (Hrsg.), BeckOK InfoMedienR, § 10 IFG Rn. 34a; Dagegen: VG Berlin, Urteil v. 21.7.2016, 2 K 582.15 (juris).

zulässig ist.[173] Zudem folgt aus § 10 Abs. 2 IFG, dass die zu erhebende Gebühr von den Kosten der Verwaltung in einem gewissen Maße entkoppelt ist. Da das Kostendeckungsprinzip im Rahmen des IFG nicht gilt, könnte eine Kostenüberdeckung womöglich ebenso zulässig sein, wie eine Kostenunterdeckung.[174] Demgegenüber erhöht die Erhebung einer kostenüberdeckenden Gebühr das Risiko einer abschreckenden Wirkung. Ferner spricht auch der Zweck des IFG, die Stärkung demokratischer Beteiligungsrechte, dafür, § 10 Abs. 2 IFG dahingehend auszulegen, dass er der Erhebung kostenüberdeckender Gebühren entgegensteht.[175] Ohnehin galt im IFG bislang gemäß § 23 Abs. 3 S. 2 BGebG a.F. für den bis zum 30.09.2021 angeordneten Übergangszeitraum (vgl. § 24 BGebG) ein Kostenüberdeckungsverbot.

Die Abschöpfung von Vorteilen, die über den kostendeckenden Betrag hinausgeht, ist mit den Bemessungsprinzipien des § 10 Abs. 2 IFG demnach nicht vereinbar. § 9 Abs. 2 BGebG wird somit vollständig durch die Bemessungsgrundsätze des § 10 Abs. 2 IFG verdrängt.

cc) Das Äquivalenzprinzip, § 9 Abs. 3 BGebG

Als weiterer Grundsatz der Gebührenbemessung bestimmt § 9 Abs. 3 BGebG, dass die nach § 9 Abs. 1 oder 2 BGebG bestimmte Gebührenhöhe zu der individuell zurechenbaren öffentlichen Leistung nicht außer Verhältnis stehen und insbesondere kein wesentliches Hindernis für die Inanspruchnahme der Leistung durch den Gebührenschuldner darstellen darf. Damit bezieht sich die Regelung auf das Äquivalenzprinzip,[176] das entweder als Ausdruck des allgemeinen Gleichheitssatzes[177] oder als Teil des Verhältnismäßigkeitsprinzips[178] und damit als verfassungsrechtliches Prinzip verstanden wird.[179] Es beinhaltet eine zweifache Verhältnismäßigkeitsprüfung. Zum einen darf die Gebühr nicht außer Verhältnis zum Aufwand der Verwaltung stehen („innere Äquivalenz"),

---

173 Vgl. *Prömper/Stein*, BGebG, § 11 Rn. 16.

174 *Berger*, in: Berger/Partsch/Roth/Scheel, IFG, § 10 Rn. 14; *Sicko*, in: Gersdorf/Paal (Hrsg.), BeckOK InfoMedienR, § 10 IFG Rn. 34a.

175 Zu der am Zweck des IFG orientierten Auslegung *Assenbrunner*, DÖV 2012, 547 ff.; allg. zur Orientierung am Zweck: *Kirchhof*, Die Höhe der Gebühr, S 66.

176 *Prömper/Stein*, BGebG, § 9 Rn. 41.

177 *Heun*, in: Dreier (Hrsg.), GG I, Art. 3 Rn. 81.

178 St. Rspr. des BVerwG, u.a. Urteil v. 14.4.1967, IV C 179.65 = BVerwGE 26, 305; Urteil v. 13.10.1955, I C 5.55 = BVerwGE 2, 246.

179 BVerfG, Beschl. v. 11.10.1966, 2 BvR 179/64, 2 BvR 476/64, 2 BvR 477/64 = BVerfGE 20, 257; ablehnend: *Kirchhof*, Die Höhe der Gebühr, S. 80 ff.

zum anderen muss die Gebühr in einem angemessenen Verhältnis zum Wert der Leistung für den Gebührenschuldner stehen („äußere Äquivalenz").[180] § 9 Abs. 3 BGebG weist dem Äquivalenzprinzip die Rolle eines korrigierenden Prinzips zu.[181]

Das Äquivalenzprinzip ist als verfassungsrechtliches Prinzip bei jeder Gebührenentscheidung zu berücksichtigen, demnach auch im Rahmen des IFG.[182] Dort ist es allerdings ohnehin immanenter und prägender Bestandteil der Gebührenbemessung, da § 10 Abs. 2 IFG eine spezielle Ausprägung des Äquivalenzprinzips enthält, welche den Besonderheiten des IFG Rechnung trägt.[183] § 9 Abs. 3 BGebG hat daher neben § 10 Abs. 2 IFG keine eigenständige Bedeutung, sondern wird vollständig durch diesen verdrängt.[184]

4. Zwischenergebnis

Die Bemessungsmaßstäbe des § 10 Abs. 2 IFG ergänzen und bedingen sich gegenseitig. Das bestimmende Kriterium ist das Gebot der wirksamen Inanspruchnahme des Informationszugangs, das vollumfänglich gewährleistet sein muss. Es hat eine objektive und eine subjektive Dimension und steht einer von der Gebührenerhebung ausgehenden abschreckenden Wirkung entgegen. Der Wortlaut des § 10 Abs. 2 IFG zeigt sich zwar offen für die Berücksichtigung weiterer geeigneter Bemessungskriterien, hierzu gehören jedoch nicht die Bemessungsgrundsätze des § 9 Abs. 1-3 BGebG, da diese vollständig durch § 10 Abs. 2 IFG verdrängt werden.

II. Die Gebührentatbestände nach der IFGGebV

1. Darstellung der Gebührentatbestände

In Teil A der Anlage zu § 1 Abs. 1 IFGGebV werden fünf verschiedene Gebührentatbestände benannt, Nr. 1 Auskünfte, Nr. 2 Herausgabe, Nr. 3 Akteneinsicht, Nr. 4 Veröffentlichungen gemäß § 11 IFG und Nr. 5 vollständige oder teilweise Zurückweisung eines Widerspruchs.

---

180 *Prömper/Stein*, BGebG, § 9 Rn. 43.
181 BT-Drs. 17/10422, S. 102.
182 *Berger*, in: Berger/Partsch/Roth/Scheel, IFG, § 10 Rn. 14; *Debus*, DVBl 2013, 9 (11).
183 *Schoch*, IFG, § 10 Rn. 76.
184 A.A.: *Sicko*, in: Gersdorf/Paal (Hrsg.), BeckOK InfoMedienR, § 10 IFG Rn. 38, der zu dem Ergebnis kommt, dass § 10 Abs. 2 IFG neben § 9 Abs. 3 IFG nur noch deklaratorische Bedeutung habe.

Den Gebührentatbeständen wird jeweils ein Gebührenbetrag zugewiesen, wobei es sich überwiegend um Gebührenrahmen handelt. Die Bestimmung der konkret zu erhebenden Gebühr bleibt den Behörden zur Entscheidung im Einzelfall vorbehalten. Für jede Art des Informationszugangs kann eine Gebühr von bis zu 500 EUR erhoben werden. Für Verfahren, die auf eine Auskunft oder die Herausgabe von Unterlagen gerichtet sind, werden Tatbestandsvarianten mit unterschiedlich abgestuften Gebührenrahmen gebildet, die sich nach dem Verwaltungsaufwand richten. Die Untergrenzen der Gebührenrahmen variieren zwischen 15, 30 und 60 EUR, die Obergrenzen zwischen 125, 250 und 500 EUR. Mündliche und einfache schriftliche Auskünfte sind auch bei Herausgabe von wenigen Abschriften gemäß Ziffer 1.1 gebührenfrei. Dies gilt gemäß Ziffer 4 auch für Veröffentlichungen im Sinne des § 11 IFG.[185] Für die vollständige oder teilweise Zurückweisung eines Widerspruchs werden Gebühren bis zur Höhe der Gebühr des angefochtenen Verwaltungsaktes, jedoch mindestens 30 EUR erhoben.[186]

2. Bewertung der Gebührentatbestände

a) Bewertung anhand der Vorgaben des § 10 Abs. 1, 2 IFG

Durch die Zuweisung unterschiedlich abgestufter Gebührenrahmen für die jeweiligen Arten des Informationszugangs wird der gemäß § 10 Abs. 2 IFG zu berücksichtigende Verwaltungsaufwand innerhalb der jeweiligen Gebührentatbestände typisierend abgebildet. Den Gebührentatbeständen liegt die Annahme zu Grunde, dass für die einzelnen Arten des Informationszugangs ein unterschiedlich hoher Verwaltungsaufwand zu betreiben ist, ohne dass den einzelnen Tatbeständen – wegen der individuellen Besonderheiten der einzelnen Verfahren – ein konkreter Betrag zugewiesen werden kann. Angesichts der vielfältigen Gestaltungsmöglichkeiten des IFG-Verfahrens durch den Antragsteller ist diese Annahme zutreffend.[187] Die Zuweisung von Gebührenrahmen ist in diesen Fällen ein übliches und geeignetes Mittel,[188] da der Behörde hierdurch der erforderliche Spielraum verbleibt, um eine Gebühr in angemessener Höhe zu bestimmen,

---

185 Der Tatbestand ist allerdings überflüssig, da es im Fall des § 11 IFG bereits an der individuellen Zurechenbarkeit fehlt. Siehe: *Schoch*, IFG, § 10 Rn. 29.

186 Zu diesem Gebührentatbestand siehe Teil 2 II 2 c).

187 Vgl. zu den Besonderheiten beim Informationszugang durch Akteneinsicht: Begründung IfGGebV, S. 8 (Fn. 79); *Polenz*, in: Brink/Polenz/Blatt, IFG, § 10 Rn. 8.

188 *Prömper/Stein*, BGebG, § 11 Rn. 13.

die den Besonderheiten der einzelnen IFG-Verfahren Rechnung trägt. Durch die Ausrichtung der Gebührentatbestände an der 500 EUR Grenze sowie der Abstufung der Gebührensätze, abhängig von der Art des Informationszugangs, wird den Behörden ein objektiv begrenzter Rahmen für die Erhebung der Gebühren vorgegeben, der einer exzessiven Gebührenerhebung entgegensteht. Damit wird dem objektiven Gehalt des Gebots der wirksamen Inanspruchnahme des Informationszugangs entsprochen.[189]

Die Gebührentatbestände der IFGGebV setzen die Vorgaben des § 10 Abs. 2 IFG demnach grundsätzlich um.[190] Auffällig ist jedoch, dass die Gebührentatbestände teilweise von den Vorgaben des § 10 Abs. 1 IFG abweichen.

Dies betrifft zunächst Nr. 1.1, die die in § 10 Abs. 1 S. 2 IFG geregelte Ausnahme von der Gebührenerhebung für einfache Auskünfte erweitert. Gemäß Nr. 1.1 ist sowohl die mündliche als auch die schriftliche einfache Auskunft gebührenfrei, selbst wenn zusätzlich einige wenige Abschriften herausgegeben werden.[191] Die Herausgabe von Abschriften wird vom Wortlaut des § 10 Abs. 1 S. 2 IFG allerdings nicht erfasst. Gleichwohl erscheint die in Nr. 1.1 vorgenommene Erweiterung der kostenfreien Auskunft sachgerecht. Zum einen nähert sich die IFGGebV hierdurch den kostenfreien Auskünften nach dem allgemeinen Gebührenrecht an (vgl. § 7 Nr. 1-3 BGebG). Zum anderen kann die Behörde den Aufwand für die Gewährung des Informationszugangs durch die Herausgabe von Abschriften mitunter erheblich reduzieren, denn erläuternde Ausführungen werden oftmals entbehrlich. Mit Blick auf die durch § 10 Abs. 2 IFG vorgegebene Zurückhaltung bei der Gebührenbemessung ist es konsequent, diese Arbeitserleichterung auf Tatbestandsseite zu berücksichtigen.[192]

Weitaus problematischer ist, dass sich die Tatbestände der IFGGebV an der Übermittlung von Informationen, also der Art und Weise der Leistungserbringung, und nicht an der aufgewendeten Leistung der Verwaltung ausrichten.[193] Dies entspricht der UIGGebV, die nach der Begründung der IFGGebV als Vorlage diente, um sowohl die wirksame Inanspruchnahme des Informationszugangs als auch eine zumindest anteilige Deckung der Kosten der Verwaltung sicherzustellen.[194] Der Verordnungsgeber ist damit den Ausführungen des Gesetzgebers

---

189 BVerwG, Urteil v. 13.10.2020, 10 C 23/19 = NVwZ 2021, 497 (498).
190 Ebenso: *Schoch*, IFG, § 10 Rn. 100.
191 *Sicko*, in: Gersdorf/Paal (Hrsg.), BeckOK InfoMedienR, § 10 IFG Rn. 58.
192 *Sicko*, in: Gersdorf/Paal (Hrsg.), BeckOK InfoMedienR, § 10 IFG Rn. 58.
193 *Schoch*, IFG, § 10 Rn. 97.
194 Begründung zur IFGGebV, S. 6 und 7 (Fn. 79).

in der Gesetzesbegründung zum IFG gefolgt, nach denen im Rahmen des § 10 IFG auf die Erfahrungen mit dem UIG und der UIGGebV zurückgegriffen werden soll.[195] Die gebührenrechtlichen Regelungen des IFG und des UIG weichen indes stark voneinander ab.[196] Im UIG ist die in § 12 UIG geregelte Gebührenfolge unmittelbar von der Informationsübermittlung abhängig. Für die in § 10 Abs. 1 S. 1 IFG geregelte Gebührenfolge ist jedoch sowohl das „Ob" als auch das „Wie" der Informationsübermittlung unerheblich.[197] Der gebührenauslösende Sachverhalt ist vielmehr der durch den Antrag ausgelöste und dem Antragsteller individuell zurechenbare Aufwand der Verwaltung.[198] Die an der UIGGebV orientierte Ausgestaltung der Gebührentatbestände der IFGGebV führt daher zu einem partiellen Bruch mit den Vorgaben des § 10 Abs. 1 S. 1 IFG.

Es wäre demnach vorzugswürdig, die Gebührentatbestände der IFGGebV stärker am Verwaltungsaufwand und weniger an der Art und Weise der Informationsübermittlung auszurichten. Als Beispiel kann auf die VIGGebV verwiesen werden, die lediglich den Gebührentatbestand der Informationsgewährung (§ 2 S. 1 VIGGebV) enthält und für diesen die jeweils anzusetzenden Stundensätze bestimmt (§ 2 S. 2 VIGGebV). Da im VIG allerdings der Grundsatz der Kostendeckung gilt (§ 7 Abs. 1 S. 1VIG), kann auch die VIGGebV nicht schematisch übernommen werden. Den spezifischen Besonderheiten des IFG könnte aber durch reduzierte (nicht kostendeckende) Stundensätze,[199] abgestufte Höchstbeträge für bestimmte Arten des Informationszugangs sowie der für einfache Auskünfte vorgesehenen Gebührenfreiheit[200] Rechnung getragen werden.

b) Bewertung der Gebührenrahmen

Die Zuweisung von Gebührenrahmen, anstelle von festen Gebührensätzen, erweist sich aus Sicht des Gebührenschuldners einerseits vorteilhaft, weil die Behörde in der Lage ist, eine den Umständen des Einzelfalls angemessene Gebühr zu erheben. Anderseits ist diese Regelungstechnik nachteilig, da die

---

195 BT-Drs. 15/4493, S. 16.
196 *Berger,* in: Berger/Partsch/Roth/Scheel, IFG, § 10 Rn. 7.
197 *Berger,* in: Berger/Partsch/Roth/Scheel, IFG, § 10 Rn. 7 ff.; *Schmitz/Jastrow,* NVwZ 2005, 984 (991).
198 Siehe Teil 1 II.
199 Den Gebührentatbeständen der IFGGebV wurden fiktive Stundensätze zugrunde gelegt, siehe Begründung IFGGebV, S. 8 (Fn. 79).
200 Vergleichbar mit § 7 Abs. 1 S. 2 VIG, wobei für einfache Auskünfte nach dem IFG ein geringerer Betrag festzusetzen sein dürfte.

konkrete Höhe der zu erwartenden Gebühr nicht vorhersehbar ist. Mit Blick auf das Bestimmtheitsgebot (Art. 20 Abs. 3 GG) sind an die Erhebung von Gebühren auf Grundlage von Gebührenrahmen daher gewisse Anforderungen zu stellen.[201]

Zum einen dürfen die Ober- und Untergrenzen der Gebührentatbestände nicht zu weit auseinander liegen. Zum anderen muss der Gesetzgeber entsprechend geeignete und bestimmte Kriterien festgelegt haben, anhand derer die Gebühr zu bemessen ist.[202] Je weiter der Rahmen gefasst ist, desto höhere Anforderungen sind an die Konkretisierung zu stellen.[203]

Die Gebührenrahmen der IFGGebV sind unterschiedlich eng bzw. weit gefasst. Im Fall der Nr. 3.3 beträgt die Höchstgebühr immerhin mehr als den 30-fachen Wert der Mindestgebühr. Verglichen mit Gebührenrahmen in anderen Verordnungen sind die Gebührenrahmen der IFGGebV gleichwohl relativ eng gefasst.[204] Zudem dürfen die Anforderungen an die Ausgestaltung der Gebührenrahmen nicht zu streng sein, da ansonsten der eigentliche Sinn- und Zweck dieser Regelungsart, die erhöhte Flexibilität zur Erhebung einer angemessenen und sachgerechten Gebühr, konterkariert würde.[205] Ferner stehen in Gestalt des § 10 Abs. 2 IFG spezielle Bemessungskriterien für die Gebührenentscheidung im Rahmen eines IFG-Verfahrens zur Verfügung. Insbesondere steht durch die Bezugnahme auf die angefallenen Kosten ein objektives und hinreichend konkretes Bemessungskriterium zur Verfügung.[206] Vor diesem Hintergrund bestehen keine durchgreifenden verfassungsrechtlichen Bedenken gegen die durch den Verordnungsgeber vorgegebene Spanne der Gebührenrahmen der IFGGebV.

---

201 *Prömper/Stein*, BGebG, § 11 Rn. 14.
202 BVerfG, Beschl. v. 30.5.2018, 1 BvR 45/15 = NVwZ 2019, 57 (58 f.).
203 BVerwG, Urteil v. 27.6.2013, 3 C 7.12, Rn. 16 f. (juris).
204 Vgl. BVerfG, Beschl. v. 30.5.2018, 1 BvR 45/15 = NVwZ 2019, 57 (59), in dem diesem Beschl. zu Grunde liegenden Fall überstieg die Maximalgebühr die Mindestgebühr um mehr als das 3000-Fache.
205 *Kirchhof*, Die Höhe der Gebühr, S. 69; BVerwG, Urteil v. 29.3.2019, 9 C 4/18 = NVwZ 2019, 1444 (1448).
206 Kostenorientierte Abgaben sind daher eher geeignet, den Anforderungen des Bestimmtheitsgebot zu genügen; vgl. BVerwG, Urteil v. 29.3.2019, 9 C 4/18 = NVwZ 2019, 1444 (1448); sowie Beschl. v. 17.7.2003, 2 BvL 1/99 u.a. = NVwZ 2003, 1241 (1247).

c) Zur Rechtmäßigkeit der Erhebung einer Widerspruchsgebühr

Gemäß Teil A Nr. 5 der Anlage zu § 1 Abs. 1 IfGGebV werden Gebühren für die vollständige oder teilweise Zurückweisung eines Widerspruchs in Höhe von mindestens 30 EUR bis maximal zur Höhe der für den angefochtenen Verwaltungsakt festgesetzten Gebühr erhoben.

Der Gebührentatbestand wird mitunter als wenig verständlich kritisiert.[207] Zudem wird vertreten, der Tatbestand gehe für den ablehnenden Teil des Ausgangsbescheids ins Leere, da für die Ablehnung eines IFG-Antrags keine Gebühren erhoben werden.[208] Der Widerspruch müsse sich daher gegen einen Bescheid richten, der seinerseits gebührenpflichtig war.[209] Demgegenüber heißt es in der Begründung zur IfGGebV, die Mindestgebühr in Höhe von 30 EUR werde auch bei der nochmaligen Prüfung einer kostenfreien Ablehnung erhoben.[210]

Weitaus problematischer ist, dass das IFG keine explizite Ermächtigung zur Erhebung einer Widerspruchsgebühr enthält. Es kann lediglich auf § 10 Abs. 1 S. 1 IFG zurückgegriffen werden, nach dem für Leistungen nach dem IFG Gebühren und Auslagen erhoben werden. Zu diesen Leistungen gehört grundsätzlich auch das gemäß § 9 Abs. 4 S. 1 IFG durchzuführende Widerspruchsverfahren.[211] Mit Einführung des BGebG hat der Gesetzgeber allerdings in § 10 Abs. 3 S. 1 BGebG eine spezielle Ermächtigungsgrundlage für die Erhebung einer Gebühr beim (teilweise) erfolglosen Widerspruch geschaffen. Auf diese Norm kann im Rahmen des IFG nicht zurückgegriffen werden, da die Anwendbarkeit des § 10 BGebG durch § 10 Abs. 3 S. 2 IFG explizit ausgeschlossen wird. Dies hat unmittelbare Konsequenzen für die in der IfGGebV vorgesehene Widerspruchsgebühr, denn aus der amtlichen Überschrift des § 10 Abs. 1 BGebG folgt, dass der Gesetzgeber diesen Fall als einen besonderen Fall der Gebührenerhebung ansieht. Zudem lässt sich der Gesetzesbegründung entnehmen, dass der Tatbestand u.a. eine klarstellende Funktion erfüllt, da die Rechtmäßigkeit der Erhebung von Widerspruchsgebühren nach der vorherigen Rechtslage mit Zweifeln behaftet war.[212] Da der Gesetzgeber von der Erforderlichkeit einer expliziten Ermächtigung ausgeht, kann der in § 10 Abs. 1 S. 1 IFG enthaltene allgemeine

207 *Schoch*, IFG, § 10 Rn. 97.
208 *Schoch*, IFG, § 10 Rn. 97; OVG Berlin-Brandenburg, Urteil v. 6.11.2014, 12 B 14.13 (juris).
209 VG Berlin, Urteil v. 6.6.2011, 2 K 131.10 (juris).
210 Begründung IfGGebV, S. 8 (Fn. 79).
211 Vgl. BVerwG, Urteil v. 1.12.1989, 8 C 14/88 = NVwZ-RR 1990, 440 (440 f.).
212 BT-Drs. 17/10422, S. 107.

Verweis auf die Normen des IFG demnach keine taugliche Ermächtigungs-grundlage mehr für die Erhebung von Widerspruchsgebühren sein. Die IFGG-ebV ist insoweit nichtig.

Im Fall des erfolgreichen Widerspruchs kann indes weiterhin eine Gebühr erhoben werden. Die Gebühr bemisst sich in diesem Fall nach dem für den Informationszugang einschlägigen Gebührentatbestand.[213]

III. Die Bemessung der Gebühr innerhalb des Gebührentatbestandes

1. Der Ablauf der Gebührenentscheidung

Nach der IFGGebV stellt sich die Gebührenentscheidung als dreistufiges Ver-fahren dar. Zunächst hat die Behörde den einschlägigen Gebührentatbestand zu identifizieren. Im Anschluss hat sie die konkrete Höhe der im Einzelfall zu erhebenden Gebühr innerhalb der vorgegebenen Gebührenrahmen zu bestim-men. Zuletzt eröffnet § 2 IFGGebV die Möglichkeit, von der zuvor getroffenen Entscheidung über die Höhe der Gebühr aus Gründen der Billigkeit oder des öffentlichen Interesses abzuweichen. Während die auf der ersten Stufe zu tref-fende Entscheidung aus den tatsächlichen Umständen des Informationszugangs folgt, handelt es sich bei den auf der zweiten und dritten Stufe zu treffenden Ent-scheidungen um Ermessensentscheidungen.

2. Die Bestimmung der Gebühr innerhalb der Gebührenrahmen

Bei der Bestimmung der Gebühr innerhalb der Gebührenrahmen ist die Behörde gemäß § 40 VwVfG dazu verpflichtet, das ihr zur Verfügung stehende Ermessen entsprechend dem Zweck der Ermächtigung auszuüben und die gesetzlichen Grenzen des Ermessens einzuhalten.[214] Sie hat ihre Entscheidung insbesondere an den Maßstäben des IFG und den aus der Verfassung abgeleiteten Maßstäben bei der Gebührenerhebung auszurichten.[215]

---

213 *Schoch*, IFG, § 10 Rn. 97.
214 *Schoch*, IFG, § 10 Rn. 96.
215 *Sachs*, in: Stelkens/Bonk/Sachs (Hrsg.), VwVfG, Rn. 82 ff.; kritisch: *Kirchhof*, Die Höhe der Gebühr, S. 60, der die Existenz verfassungsrechtlicher Bemessungsprinzipien negiert.

a) Die Berücksichtigung der Bemessungskriterien des § 10 Abs. 2 IFG

Um die Höhe der Gebühr bestimmen zu können, hat sich die Behörde in erster Linie an den in § 10 Abs. 2 IFG genannten Kriterien zu orientieren. Da sich das Gebot der wirksamen Inanspruchnahme des Informationszugangs umso schwächer auf die Höhe der Gebühr ausrichtet, je geringer das Risiko einer abschreckenden Wirkung ist,[216] hat die Behörde zunächst die Risiken einer abschreckenden Wirkung anhand der Umstände des Einzelfalls zu bewerten. Dies umfasst die Berücksichtigung der individuellen Verhältnisse des Antragstellers und dessen Motivlage.[217] Die Gegenauffassung, die eine Berücksichtigung dieser Umstände nur im Rahmen des § 2 IFGGebV für zulässig erachtet,[218] geht fehl, denn das Gebot der wirksamen Inanspruchnahme des Informationszugangs ist nicht nur bloßes Korrektiv, sondern leitendes Bemessungsprinzip des § 10 Abs. 2 IFG.[219] Es wirkt sich daher umfassend auf das behördliche Ermessen aus und ist schon innerhalb des Gebührenrahmens, voll zu gewährleisten.[220]

Dass die Behörde von den subjektiven Umständen in der Regel keine Kenntnis hat, ist ein dem IFG systemimmanenter Faktor, dem durch eine typisierende und ermessensfehlerfreie Gebührenbemessung innerhalb der vorgegebenen Gebührenrahmen zu begegnen ist.[221] Dabei hat die Behörde von einem durchschnittlich leistungsfähigen Gebührenschuldner auszugehen, der keine wirtschaftlich messbaren Vorteile aus dem Informationszugang zieht.[222]

b) Die verfassungsrechtlichen Maßstäbe der Gebührenbemessung

Von den im Rahmen des Ermessens zu berücksichtigenden verfassungsrechtlichen Maßstäben sind vor allem der Grundsatz der Verhältnismäßigkeit und die aus Art. 3 Abs. 1 GG abgeleiteten Prinzipien von Bedeutung.[223] Da die Bemessungsmaßstäbe des § 10 Abs. 2 IFG Bezug auf den Verhältnismäßigkeitsgrundsatz

---

216 BVerwG, Urteil v. 27.3.2000, 7 C 25/98 = NVwZ 2000, 913 (914).
217 Siehe oben Teil 2 I 2.
218 BVerwG, Urteil v. 13.10.2020, 10 C 23.19 = NVwZ 2021, 497 (498).
219 Siehe oben Teil 2 I 2.
220 OVG Berlin-Brandenburg, Urteil v. 14.9.2017, 12 B 11.16, Rn. 23 (juris).
221 *Schoch*, IFG, § 10 Rn. 76; *Sicko*, in: Gersdorf/Paal (Hrsg.), BeckOK InfoMedienR, § 10 IFG Rn. 37.
222 Vgl. zum UIG: *Reidt/Schiller*, in: Landmann/Rohmer (Hrsg.), Umweltrecht I, § 12 UIG Rn. 30.
223 *Kirchhof*, in: Maunz/Dürig (Hrsg.), GG, Art. 3 Abs. 1 Rn. 285.

nehmen,[224] hat vor allem der allgemeine Gleichheitssatz im Rahmen der Gebührenbemessung eine eigenständige Bedeutung. Dieser steht einer willkürlichen
Ungleichbehandlung entgegen und verbietet, dass wesentlich Gleiches ungleich
und wesentlich Ungleiches gleich behandelt wird.[225] Für die Gebührenbemessung folgt daraus, dass die Gebühr in einem angemessenen Verhältnis zu der
in Anspruch genommenen Leistung stehen muss und die Gebührenschuldner
untereinander nicht gleichheitswidrig belastet werden.[226]

c) Die Methode bei der typisierenden Gebührenbemessung

Über die Art und Weise, wie die Höhe der Gebühr unter Berücksichtigung der
Prinzipien des § 10 Abs. 2 IFG und unter Einhaltung der Maßstäbe des Art. 3
Abs. 1 GG, insbesondere der Wahrung einer verhältnismäßigen Gleichheit unter
den Gebührenschuldnern, zu bestimmen ist, bestehen unterschiedliche Auffas-
sungen. Im Wesentlichen stehen sich zwei Berechnungsmethoden gegenüber,
das Prinzip der individuellen Gleichmäßigkeit und die Berechnung nach Zeitaufwand auf Grundlage von pauschalen, nicht kostendeckenden Stundensätzen.

aa) Das Prinzip der individuellen Gleichmäßigkeit

Das VG Berlin sowie das OVG Berlin-Brandenburg gehen davon aus, dass die
Gebühr nach dem Prinzip der individuellen Gleichmäßigkeit zu bestimmen
ist.[227] Eine andere Art der Gebührenbemessung komme nicht in Betracht, da
sich der Verordnungsgeber mit der Festlegung von Rahmengebühren für dieses
Prinzip entschieden habe.[228] Die Behörden seien in der Pflicht, die Gleichbehandlung der Gebührenschuldner durch die Anwendung abstrakter Kriterien
innerhalb der einzelnen Gebührenrahmen zu gewährleisten. Auf Grundlage
ihrer bisherigen Erfahrungen habe die Behörde Kriterien festzulegen, mit denen
der tatsächlich angefallene Verwaltungsaufwand proportional auf die innerhalb

---

224 Vgl. zu § 9 Abs. 3 BGebG auch: *Schlabach*, NVwZ 2013, 1443 (1447).
225 St. Rspr. des BVerfG, u.a.: Urteil v. 23.10.1951, 2 BvG 1/51 = BVerfGE 1, 14 (Ls.); Urteil
     v. 16.3.1955, 2 BvK 1/54 = BVerfGE 4, 144 (155); Zum Gebührenrecht u.a.: Beschl. v.
     25.6.2014, 1 BvR 668/10, 1 BvR 2104/10 = NVwZ 2014, 1448 (1450).
226 *Prömper/Stein*, BGebG, § 9 Rn. 49.
227 Siehe zuletzt: VG Berlin, Urteil v. 29.03.2019, 2 K 95.17 (juris); zuvor: OVG Berlin-
     Brandenburg, Urteil v. 14.9.2017, 12 B 11.16 (juris); zustimmend: *Sicko*, in: Gersdorf/
     Paal (Hrsg.), BeckOK InfoMedienR, § 10 Rn. 62a
228 Vgl. OVG Berlin-Brandenburg, Urteil v. 14.9.2017, 12 B 11.16, Rn. 16 (juris).

der Gebührenrahmen zur Verfügung stehenden Beträge übertragen werden kann.[229] Die Höchstgebühr der Gebührentatbestände dürfe nur für einen besonders hohen, über dem durchschnittlichen Maß liegenden Verwaltungsaufwand erhoben werden. Im Durchschnittsfall sei eine Gebühr in der Mitte, in Fällen in denen ein äußerst geringer Aufwand anfalle, eine Gebühr auf der untersten Stufe der Gebührenrahmen zu erheben.[230]

bb) Die Berechnung der Gebühr nach Zeitaufwand

Das BVerwG kommt in einer jüngeren Entscheidung zu dem Ergebnis, dass die Gebühr auch auf Basis pauschaler, nicht kostendeckender Stundensätze[231] bestimmt werden könne, ohne dass es einer proportionalen Zuordnung dieses Aufwands innerhalb der Gebührenrahmen bedürfe.[232] Die Gebühr bemisst sich nach dieser Methode ausschließlich nach der für die Bearbeitung des Antrags angefallenen Arbeitszeit, wobei der Höchstwert der Gebührenrahmen als Kappungsgrenze fungiert. Übersteigen die Gebühren den Höchstwert des Gebührenrahmens, wird unterschiedslos der Höchstsatz des Gebührenrahmens erhoben.[233]

cc) Rechtliche Würdigung

In seiner Entscheidung hat das BVerwG erkennen lassen, dass es das Prinzip der individuellen Gleichmäßigkeit für grundsätzlich mit den Maßstäben des § 10 Abs. 2 IFG und des Art. 3 Abs. 1 GG vereinbar erachtet, ohne dieses einer näheren Prüfung zu unterziehen.[234] Dies ist bedauerlich, denn auch wenn Urteile des BVerwG keine Bindungswirkung für die nicht beteiligten Bundesbehörden entfalten,[235] bieten sie in der behördlichen Praxis einen wichtigen Anhaltspunkt bei

---

229 Vgl. OVG Berlin-Brandenburg, Urteil v. 14.9.2017, 12 B 11.16, Rn. 16 (juris).
230 Vgl. OVG Berlin-Brandenburg, Urteil v. 14.9.2017, 12 B 11.16, Rn. 16 (juris).
231 In der Praxis kommen u.a. die durch das BMI vorgeschlagenen Stundensätze zur Anwendung, die sich nach den Gebührenrahmen der IFGGebV ausrichten, siehe: Handreichung des BMI zur Erhebung von Gebühren und Auslagen nach der IFGGebV, S. 1, abrufbar unter: https://fragdenstaat.de/anfrage/bundesministerium-fur-arbeit-und-soziales-bmas-bmas-grundsatzpapiere-jobcenter-rechtsaufsicht-des-bundes/41088/anhang/HandreichungzurIFGGebV.pdf, zuletzt abgerufen am: 16.5.2021.
232 BVerwG, Urteil v. 13.10.2020, 10 C 23.19 = NVwZ 2021, 497.
233 Vgl.: VG Berlin, Urteil v. 29.3.2019, 2 K 95.17 (juris).
234 BVerwG, Urteil v. 13.10.2020, 10 C 23/19 = NVwZ 2021, 497 (497).
235 *Stahl*, Bindung der Staatsgewalten, S. 168.

der Auslegung und Anwendung des Rechts.[236] Das Gericht hätte somit mittelbar auf eine stärkere Vereinheitlichung der Bemessungsmethoden im Rahmen des IFG hinwirken können. Angesichts der divergierenden Praxis innerhalb der Bundesverwaltung[237] wäre dies zu begrüßen gewesen, da diese Praxis zu unbefriedigenden Folgen für die Antragsteller führt. Diese werden, je nachdem bei welcher Behörde sie einen IFG-Antrag stellen, mit unterschiedlichen Berechnungsmethoden konfrontiert, die zu teils deutlichen Abweichungen in Bezug auf die Höhe der Gebühr führen können.[238] Daher soll an dieser Stelle untersucht werden, welche Berechnungsmethode mit Blick auf die zu berücksichtigenden Bemessungsmaßstäbe vorzugswürdig ist.

(1) Kritik am Prinzip der individuellen Gleichmäßigkeit

Das Prinzip der individuellen Gleichmäßigkeit ermöglicht eine proportionale Berücksichtigung des Verwaltungsaufwandes über das gesamte Spektrum des zur Verfügung stehenden Gebührenrahmens. Auf den ersten Blick erscheint dieses Prinzip mit Blick auf Art. 3 Abs. 1 GG und das Gebot der wirksamen Inanspruchnahme des Informationszugangs vorteilhaft. Bei genauerer Betrachtung erweist es sich jedoch sowohl aus tatsächlichen als auch aus rechtlichen Gründen problematisch.

In tatsächlicher Hinsicht liegt ein erheblicher Nachteil darin, dass sich die Bemessungskriterien nur auf Grundlage der bisherigen Erfahrungssätze entwickeln lassen. Es gibt zahlreiche Behörden, die nur selten mit kostenpflichtigen IFG-Anträgen konfrontiert sind[239] und nicht über ausreichende Erfahrungen verfügen dürften. Hinzu kommt, dass ein durchschnittlicher Verwaltungsaufwand für die Bearbeitung von IFG-Anträgen kaum zu bestimmen ist.[240] Denn

236 *Stahl*, Bindung der Staatsgewalten, S. 215.
237 *Ziekow/Debus/Musch*, Informationsfreiheitsrecht, S. 264 ff; Siehe: Antwort der BReg auf eine Kl. Anfr. u.a. der FDP BT-Fraktion, BT-Drs. 19/11312, S. 3.
238 So hat das BMI urspr. einen kostendeckenden Ansatz vertreten, siehe BT-Drs. 16/613, S. 10, andere Behörden wenden Gebührenraster mit teils erheblichen Nachlässen, an. So bspw. BMBF, siehe: https://fragdenstaat.de/dokumente/8679-microsoft-word-hinweise-zur-gebuhrenerhebung-ifg-uig-abgestimmt-finaldocx/, zuletzt abgerufen am: 16.5.2021.
239 Dies belegt die jährliche IFG-Statistik der Bundesbehörden, abrufbar unter: https://www.bmi.bund.de/DE/themen/moderne-verwaltung/open-government/informationsfreiheitsgesetz/informationsfreiheitsgesetz-node.html, zuletzt abgerufen am 16.5.2021. Demnach wurden 2020 in weniger als 10% aller Fälle Gebühren erhoben.
240 Vgl. VG Berlin, Urteil v. 29.3.2019, 2 K 95.17 (juris).

der Aufwand wird maßgeblich durch den Umfang und die inhaltliche Tiefe des Antrags, dem konkreten Informationsinteresse, der Anzahl der gleichzeitig erfüllten Gebührentatbestände sowie der Geheimhaltungsbedürftigkeit der betroffenen Sachmaterie bestimmt.[241] Diese individuellen Besonderheiten führen dazu, dass IFG-Anträge nur schwer miteinander verglichen werden können und demzufolge kein typischer Durchschnittsfall bestimmt werden kann.[242]

Ungeachtet dieser praktischen Schwierigkeiten erweist sich das Prinzip der individuellen Gleichmäßigkeit auch in rechtlicher Hinsicht problematisch, da es den Ermessensspielraum der Behörde über das erforderliche Maß beschränkt.[243] Zwar hat die Behörde im Rahmen ihres Ermessens den allgemeinen Gleichheitssatz zu beachten, dieser verpflichtet allerdings nicht zu einer strengen Proportionalität, sondern lediglich zu einer verhältnismäßigen Belastungsgleichheit.[244] In der Art und Weise, wie die Behörde diesem Erfordernis gerecht wird, ist die Behörde im Rahmen der pflichtgemäßen Ausübung ihres Ermessens weitgehend frei.[245]

Die Anwendung des Prinzips der individuellen Gleichmäßigkeit wäre nur vorzugswürdig, wenn sich diese Methode besonders eignet, um eine ermessensgerechte Entscheidung über die Höhe der Gebühr treffen zu können. Das Prinzip kann indes nicht verhindern, dass sich die Vergünstigungen, die für einen Teil der Anträge gewährt werden, nicht in jedem Fall widerspiegeln.[246] Ursächlich hierfür sind die relativ schmalen Gebührenrahmen der IFGGebV mit verhältnismäßig niedrigen Höchstbeträgen, die deutlich unter dem Niveau der denkbaren tatsächlichen Kosten für die Bearbeitung eines IFG-Antrags liegen.[247]

---

241 Siehe Teil 1 II 1 und Teil 2 IV.

242 Vgl. VG Berlin, Urteil v. 29.3.2019, 2 K 95.17 (juris).

243 BVerwG, Urteil v. 13.10.2020, 10 C 23/19 = NVwZ 2021, 497 (499).

244 OVG Lüneburg, Beschl. v. 19.3.2019, 11 LC 293/16 = NVwZ-RR 2020, 123 (131).

245 Dies ändert nichts daran, dass die Behörde ihr Ermessen pflichtgemäß auszuüben hat, so dass die Freiheit begrenzt bleibt. Siehe: *Beaucamp*, JA 2006, 74 (75); Die Festlegung abstrakter Kriterien im Vorfeld ist dabei ein denkbares, aber kein zwingendes Mittel, siehe: VGH Kassel, Beschl. v. 19.5.2010, 5 A 71/10 (juris).

246 Die Methode ist daher schon nicht geeignet, die durch das OVG Berlin-Brandenburg geforderte „gleichmäßige Umlegung des Verwaltungsaufwands" umzusetzen; Siehe: OVG Berlin-Brandenburg, Urteil v. 14.9.2017, 12 B 11.16, Rn. 18 (juris); Die Ungleichbehandlung wird lediglich an das untere Ende der Gebührenskala verlagert.

247 Da die Anforderungen an einen unverhältnismäßigen Antrag hoch sind, muss die Behörde auch arbeitsintensiven Ersuchen nachgehen. Vgl. *Blatt*, in: Brink/Polenz/Blatt, IFG, § 7 Rn. 101 ff. m.w.N.

Dies führt zu einer Ungleichbehandlung unter den Gebührenschuldnern, die sich vor allem am unteren Ende der Gebührenrahmen besonders deutlich zeigt. Denn bei einem Antrag, der Kosten in Höhe der Mindestgebühr auslöst (bspw. 30 EUR, Nr. 2.2 Teil A der Anlage zu § 1 Abs. 1 IFGGebV), kann aufgrund der vorgegebenen Mindestgebühr keine weitere Ermäßigung gewährt werden. Für Anträge, die zwar höhere, aber keine erheblichen Kosten verursacht haben, muss hingegen eine überproportional hohe Vergünstigung gewährt werden, damit noch genügend Spielraum für das „Einpreisen" noch aufwendigerer Anträge verbleibt.[248] Diese Ungleichbehandlung der Gebührenschuldner könnte nur durch Festlegung eines Schwellwerts, vergleichbar mit § 7 Abs. 1 S. 2 VIG, vermieden werden. Eine solche Verwaltungspraxis wäre jedoch ermessensfehlerhaft, da sie im Widerspruch zu § 10 Abs. 1 IFG und den Gebührenrahmen der IFGGebV stünde.

Die aus dem Prinzip der individuellen Gleichmäßigkeit resultierende Ungleichbehandlung von Gebührenschuldnern, bei denen lediglich eine Gebühr innerhalb der Gebührenrahmen anfällt, kann nicht gerechtfertigt werden. Insbesondere wird die Ungleichbehandlung nicht durch das gemäß § 10 Abs. 2 IFG zu beachtende Verbot einer abschreckenden Wirkung gerechtfertigt, da Gebühren innerhalb der Gebührenrahmen typischerweise keine abschreckende Wirkung haben.[249] Das Prinzip der individuellen Gleichmäßigkeit führt demnach bei Anträgen, bei denen die zu berücksichtigenden Kosten innerhalb der Gebührenrahmen liegen, zu einem nicht gerechtfertigten Verstoß gegen Art. 3 Abs. 1 GG. Es ist daher nicht geeignet, die Höhe der Gebühr im Rahmen des IFG ermessensfehlerfrei bestimmen zu können.

(2) Kritik an der Berechnung nach Zeitaufwand

Die Berechnung der Gebühr auf Grundlage der aufgewendeten Arbeitszeit bietet den Vorzug, dass die Gebühr, solange sie sich innerhalb des Gebührenrahmens bewegt, in einem unmittelbaren Bezug zu der von der Verwaltung erbrachten Leistung steht. Innerhalb der Gebührenrahmen kann dem Grundsatz der Leistungsproportionalität und der verhältnismäßigen Gleichheit unter den Gebührenschuldnern somit vollumfänglich entsprochen werden.[250] Gegen die Methode spricht, dass nach der IFGGebV Rahmengebühren und keine

248 Vgl. Gebührenraster des BMBF (Fn. 238).
249 BVerwG, Urteil v. 13.10.2020, 10 C 23/19 – NVwZ 2021, 497 (498).
250 BVerwG, Urteil v. 13.10.2020, 10 C 23/19 = NVwZ 2021, 497 (498).

Zeitgebühren vorgegeben werden[251] und die Maßstäbe des § 10 Abs. 2 IFG das Kostendeckungsprinzip des allgemeinen Gebührenrechts verdrängen.[252] Eine Berechnung auf Basis grundsätzlich kostendeckender Stundensätze ist somit weder mit der IFGGebV noch mit § 10 Abs. 2 IFG zu vereinbaren, da in diesem Fall der Aufwand nicht nur berücksichtigt, sondern auf den Gebührenschuldner umgelegt würde.[253] Es sind daher pauschale, nicht kostendeckende Stundensätze anzuwenden, die die Kosten der Verwaltung lediglich berücksichtigen, aber nicht vollumfänglich abbilden.[254]

Sobald nach den anzuwendenden Gebührensätzen der Höchstbetrag überschritten wird, gerät die Methode zudem in einen Konflikt mit dem Gleichheitssatz, da in diesen Fällen unterschiedslos der Höchstbetrag erhoben wird. Dies führt zur Gleichbehandlung der Gebührenschuldner, bei denen der Höchstsatz des Gebührenrahmens überschritten wird. Zugleich führt die Methode zu einer Ungleichbehandlung im Verhältnis zu den Gebührenschuldnern, bei denen eine Gebühr innerhalb des Gebührenrahmens erhoben wird. Diesen wird keine vergleichbare Vergünstigung gewährt. Das VG Berlin und das OVG Berlin-Brandenburg erkennen darin einen Verstoß gegen Art. 3 Abs. 1 GG. Die Methode verstoße gegen das Ordnungsprinzip der Rahmengebühr sowie die Grundsätze der individuellen Abgabengleichheit und der Leistungsproportionalität.[255] Das BVerwG hat dieser Auffassung widersprochen.[256] Die Methode stehe mit den Vorgaben des § 10 Abs. 2 IFG im Einklang.[257] Soweit die Obergrenze der Gebührenrahmen als Kappungsgrenze fungiere, liege darin kein Verstoß gegen Art. 3 Abs. 1 GG, da ein sachlicher Grund hierfür bestehe. Das Gebot der wirksamen Inanspruchnahme des Informationszugangs rechtfertige die Ungleichbehandlung. Anders als Gebühren, die oberhalb der durch

---

251 VG Berlin, Urteil v. 29.03.2019, 2 K 95.17, Rn. 18 (juris); zustimmend: *Sicko*, in: Gersdorf/Paal (Hrsg.), BeckOK InfoMedienR, § 10 Rn. 62a.

252 U.a.: *Schmitz/Jastrow*, NVwZ 2005, 984 (991); zudem Teil 2 I 3.

253 OVG Berlin-Brandenburg, Urteil v. 14.9.2017, 12 B 11.16, Rn. 23 (juris); zum UIG vgl.: EuGH, Urteil v. 9.9.1999, C-217–97 = NVwZ 1999, 1209 (1211), wegen der abweichenden Rechtslage jedoch nicht ohne weiteres auf das IFG übertragbar.

254 BVerwG, Urteil v. 13.10.2020, 10 C 23/19 = NVwZ 2021, 497 (498).

255 OVG Berlin-Brandenburg, Urteil v. 14.9.2017, 12 B 11.16, Rn. 17 (juris); VG Berlin, Urteil v. 29.03.2019, 2 K 95.17, Rn. 23 (juris).

256 BVerwG, Urteil v. 13.10.2020, 10 C 23/19 = NVwZ 2021, 497 (498 f.).

257 BVerwG, Urteil v. 13.10.2020, 10 C 23/19 = NVwZ 2021, 497 (498).

die IFGGebV vorgegebenen Höchstwerte der Gebührenrahmen liegen, seien Gebühren innerhalb der Gebührenrahmen im Hinblick auf das Abschreckungsverbot unbedenklich.[258]

Der Einschätzung des BVerwG ist im Ergebnis zuzustimmen, denn sie entspricht der Annahme des Gesetzgebers, der erst ab einem Betrag von 500 EUR von einer objektiv abschreckenden Wirkung ausgeht.[259] Die Anwendung der Höchstsätze als Kappungsgrenze führt schon nicht zu einer Gleichbehandlung eines wesentlich ungleichen Sachverhalts, denn die betroffenen Gebührenschuldner eint der Umstand, dass die Kosten ihres Antrags so hoch sind, dass die Erhebung einer dem Aufwand entsprechenden Gebühr stets objektiv abschreckend wäre.

Soweit das BVerwG zu der Einschätzung gelangt, dass die Ungleichbehandlung im Verhältnis zu den Gebührenschuldnern, bei denen eine Gebühr innerhalb des Gebührenrahmens erhoben wird, gerechtfertigt ist, weil eine Gebühr innerhalb der Gebührenrahmen keine abschreckende Wirkung entfalte,[260] gerät diese Schlussfolgerung zu pauschal. Das Gebot der wirksamen Inanspruchnahme des Informationszugangs ist auch innerhalb der Gebührenrahmen voll zu berücksichtigen.[261] Ob eine Gebühr abschreckende Wirkung entfaltet, hängt nicht zuletzt von den subjektiven Umständen auf Seiten des Antragstellers ab.[262] Daher kann auch eine Gebühr innerhalb der Gebührenrahmen abschreckende Wirkung entfalten. Da der Behörde diese Umstände jedoch in der Regel unbekannt sind, kann nur ein typisierender Maßstab zur Anwendung kommen,[263] so dass der Sichtweise des BVerwG im Ergebnis zuzustimmen ist. Demnach bildet die Gruppe der Gebührenschuldner, bei denen eine Gebühr innerhalb der Gebührenrahmen erhoben wird, eine wesentlich ungleiche Gruppe im Verhältnis zu den Gebührenschuldnern, bei denen die Gebühr auf den Höchstbetrag der Gebührenrahmen zu deckeln ist. Für die Gleich- bzw. Ungleichbehandlung dieser Gruppen genügt ein sachlicher Grund,[264] der durch § 10 Abs. 2 IFG in Gestalt des Gebots der wirksamen Inanspruchnahme des Informationszugangs

---

258 BVerwG, Urteil v. 13.10.2020, 10 C 23/19 = NVwZ 2021, 497 (499).
259 BT-Drs. 15/4493, S. 16.
260 BVerwG, Urteil v. 13.10.2020, 10 C 23/19 = NVwZ 2021, 497 (498).
261 OVG Berlin-Brandenburg, Urteil v. 14.9.2017, 12 B 11.16, Rn. 23 (juris); ebenso: *Sicko*, in: Gersdorf/Paal (Hrsg.), BeckOK InfoMedienR, § 10 Rn. 62a.
262 EuGH, Urteil v. 6.10.2015, C-71/14 = NVwZ 2015, 1588 (1591).
263 *Schoch*, IFG, § 10 Rn. 76.
264 Sofern man das Kriterium der „Wesentlichkeit" nicht dem Schutzbereich des Art. 3 Abs. 1 GG zurechnet, hierzu u.a.: *Heun*, in Dreier (Hrsg.), GG I, Art. 3 Abs. 1 Rn. 25.

vorgegeben wird.[265] Einer strengen Verhältnismäßigkeitsprüfung bedarf es nicht.[266] Es kann dahinstehen, ob die Ungleichbehandlung die Ausübung der Informations- oder Meinungsfreiheit i.S.d. Art. 5 Abs. 1 S. 1 GG berührt.[267] Zum einen werden beide Rechte durch die Erhebung einer auf maximal 500 EUR begrenzten Gebühr allenfalls in ihrem Randbereich berührt, da der Zugang nur erschwert, aber nicht untersagt wird. Zudem betrifft die Ungleichbehandlung nur eine verhältnismäßig kleine Gruppe.[268] IFG-Anträge, bei denen Kosten anfallen, stellen in der Praxis einen Ausnahmefall dar.[269]

Die Bemessung der Gebühren anhand pauschaler, nicht kostendeckender Kostensätze, ist somit mit dem allgemeinen Gleichheitssatz und den Maßstäben des § 10 Abs. 2 IFG zu vereinbaren. Sie stellt eine geeignete Methode dar, um die Höhe der Gebühr (typisiert) bestimmen zu können.

d) Abweichende Berechnungsmethoden bei der Berücksichtigung subjektiver Umstände

Hat die Behörde ausnahmsweise Kenntnis von besonderen Umständen in der Person des Antragstellers, die sich auf das Risiko einer abschreckenden Wirkung der Gebühr auswirken, kann die Höhe der Gebühr nicht ausschließlich typisiert bestimmt werden. In diesem Fall hat die Behörde diese Umstände bereits bei der Bestimmung der Gebühr zu berücksichtigen.[270] Das Risiko einer abschreckenden Wirkung wird vor allem durch die wirtschaftliche Leistungsfähigkeit des Gebührenschuldners sowie dem aus dem Informationszugang gezogenen wirtschaftlichen Nutzen beeinflusst.[271] Die Behörde kann diese Umstände durch entsprechend angepasste Stundensätze oder prozentuale Auf- bzw. Abschläge im Rahmen der Gebührenbemessung berücksichtigen.[272]

---

265 BVerwG, Urteil v. 13.10.2020, 10 C 23/19 = NVwZ 2021, 497 (499).
266 A.A.: *Hofmann*, Anm. zu BVerwG, 10 C 23/19 = NVwZ 2021, 497 (500).
267 Insb. bzgl. der Informationsfreiheit i.S.d. Art. 5 Abs. 1 S. 1 GG umstritten. Ablehnend: *Ziekow/Debus/Musch*, Informationsfreiheitsrecht, S. 55 f.; *Schnabel*, NVwZ 2012, 854 (855); *Püschel*, Informationen des Staates; S. 138; Dafür u.a. *Nolte*, NVwZ 2018, 521 (524 ff.).
268 Vgl. *Wollenschläger*, in: v. Mangoldt/Klein/Starck (Hrsg.), GG I, Art. 3 Rn. 203.
269 Vgl. jährliche IFG-Statistik des BMI (Fn. 239).
270 Vgl. zum UIG: EuGH, Urteil v. 6.10.2015, C-71/14 = NVwZ 2015, 1588 (1591). Vgl. zu einer aus sozialen Gründen gestaffelten Gebühr: BVerfG, Beschl. v. 10.3.1998, 1 BvR 178/97 = BVerfGE 97, 332 (347).
271 *Prömper/Stein*, BGebG, § 9 Rn. 37.
272 Vgl. *Püschel*, Informationen des Staates als Wirtschaftsgut, S. 281 f.

Die Ungleichbehandlung von Gebührenschuldnern aufgrund wirtschaftlicher Kriterien steht indes in einem Konflikt mit dem Wesen der Gebühr.[273] Bei der Berücksichtigung sozialer Zwecke wird deshalb vertreten, dass diese lediglich die Ermäßigung einer Gebühr, nicht hingegen die stärkere Belastung des wirtschaftlich stärkeren Gebührenschuldners rechtfertigen könne.[274] Die Berücksichtigung wirtschaftlicher Kriterien im Rahmen des IFG dient jedoch nicht sozialen Zwecken, sondern ist Folge des Gebots der wirksamen Inanspruchnahme des Informationszugangs.[275] Durch die stärkere Belastung des wirtschaftlich stärkeren Gebührenschuldners sollen insbesondere die wirtschaftlich schwächeren Antragsteller nicht entlastet werden.[276] Bei Gebührenschuldnern, die einen wirtschaftlichen Vorteil aus dem Informationszugang ziehen, wird durch eine höhere Gebührenbelastung vielmehr lediglich dieser Vorteil äquivalent ausgeglichen.[277] Die damit einhergehende Mehrbelastung ist zulässig, zumal diese auf den kostendeckenden Betrag begrenzt ist,[278] da § 10 Abs. 2 IFG der Erhebung kostenüberdeckender Gebühren entgegensteht.[279]

IV. Die Korrektur der Gebührenentscheidung gemäß § 2 IFGGebV

1. Gegenstand der Regelung

§ 2 IFGGebV eröffnet der Behörde die Möglichkeit, von der eigentlich zu treffenden Gebührenentscheidung aus Gründen der Billigkeit oder des öffentlichen Interesses abzuweichen. Die Norm dient der Einzelfallgerechtigkeit und folgt der Ermächtigung in § 9 Abs. 4 BGebG.[280]

Führt die Erhebung der Gebühr zu einer unbilligen Härte, ist eine Vergünstigung zu gewähren. Das Ermessen der Behörde beschränkt sich in diesen Fällen auf die Höhe der Vergünstigung.[281]

---

273 Kritisch u.a.: *Kirchhof*, Die Höhe der Gebühr, S. 147 ff.

274 *Wienbracke*, JuS 2019, 1070 (1073).

275 Vgl. *Püschel*, Informationen des Staates als Wirtschaftsgut, S. 281, nach dem sich aus dem Äquivalenzprinzip die Möglichkeit zur Gebührenstaffelung ergibt.

276 Vgl. BVerfG, Beschl. v. 10.3.1998, 1 BvR 178/97 = BVerfGE 97, 332 (346).

277 Vgl. BVerwG, Urteil v. 27.3.2000, 7 C 25/98 = NVwZ 2000, 913.

278 Vgl. BVerwG, Urteil v. 27.3.2000, 7 C 25/98 = NVwZ 2000, 913; a.A.: *Kirchhof*, Die Höhe der Gebühr, S. 147 ff.

279 Siehe Teil 2 I 3 a) bb).

280 *Sicko*, in Gersdorf/Paal (Hrsg.), BeckOK InfoMedienR, § 10 IFG Rn. 62.

281 Vgl. *Prömper/Stein*, BGebG, § 9 Rn. 63.

In Bezug auf die Rechtsfolgen hat sich der Verordnungsgeber jenseits einer Ermäßigung von 50% für eine „alles oder nichts Lösung" entschieden. Das gänzliche Absehen von Gebühren bleibt somit auf Ausnahmefälle beschränkt.[282]

2. Korrektur aus Gründen der Billigkeit

Eine abweichende Entscheidung aus Gründen der Billigkeit kann sachliche oder persönliche Ursachen haben. Sachliche Unbilligkeit liegt vor, wenn die Erhebung der Gebühr nach dem Sinn und Zweck des IFG nicht mehr gerechtfertigt werden kann oder diesem zuwider läuft.[283] Ermäßigungen kommen daher u.a. bei Verfahren in Betracht, bei denen es entgegen § 7 Abs. 5 S. 1 IFG zu unverhältnismäßigen Verzögerungen gekommen ist.[284] Persönliche Unbilligkeit kann sich insbesondere aus wirtschaftlichen Faktoren auf Seiten des Antragstellers ergeben,[285] soweit diese nicht bereits im Gebührenrahmen berücksichtigt werden konnten. Eine Ermäßigung kommt beispielsweise in Betracht, wenn ein verspäteter Informationszugang zusätzlich zu wirtschaftlichen Nachteilen auf Seiten des Antragstellers geführt hat.

Für eine Privilegierung bestimmter Personen- oder Berufsgruppen aus Gründen der Billigkeit gibt es weder im IFG noch in der IFGGebV einen Anhaltspunkt. Gleichwohl wird vor allem in Bezug auf Journalisten gefordert, diese in gebührenrechtlicher Hinsicht zu bevorzugen.[286] Hiergegen spricht, dass das IFG ein Jedermannsrecht ist.[287] Zudem geht mit dem Informationsinteresse eines Journalisten oftmals ein wirtschaftliches Interesse einher, so dass eine Gebührenerhebung nicht per se abschreckende Wirkung entfaltet.[288] Ferner steht Pressevertretern mit dem presserechtlichen Auskunftsanspruch eine kostenlose Alternative zur Verfügung.[289] Im Einzelfall kann es dennoch geboten sein, aus

---

282 *Schoch*, IFG, § 10 Rn. 99; *Sicko*, in: Gersdorf/Paal (Hrsg.), BeckOK InfoMedienR, § 10 IFG Rn. 62.

283 Begründung zur IFGGebV, S. 7 (Fn. 79); *Prömper/Stein*, BGebG, § 9 Rn. 66.

284 Vgl. Antwort der BReg auf eine Kl. Anfr. der FDP-BT-Fraktion, BT-Drs. 19/11312, S. 6.

285 *Prömper/Stein*, BGebG, § 9 Rn. 68.

286 U.A.: *Partsch*, NJW 2013, 2858 (2862).

287 BVerwG, Urteil v. 20.2.2013, 6 A 2/12 = NVwZ 2013, 1006 (1009); OVG Berlin-Brandenburg, Urteil v. 6.11.2014, 12 B 14.13 (juris); bestätigend: *Schoch*, IFG, § 10, Rn. 63.

288 OVG Berlin-Brandenburg, Urteil v. 6.11.2014, 12 B 14.13 (juris).

289 Siehe Teil 1 II 2 b) cc) (2).

Gründen der Billigkeit eine abweichende Entscheidung nach Maßgabe des § 2 IFGGebV zu treffen.[290]

3. Korrektur wegen öffentlicher Interessen

Ein Abweichen von der Gebührenentscheidung aus Gründen des öffentlichen Interesses ist nur gerechtfertigt, wenn diese Gründe das fiskalische Interesse an der Gebührenerhebung überwiegen. Ein öffentliches Interesse, das geeignet ist, eine abweichende Entscheidung zu rechtfertigen, kann u.a. das Interesse der Behörde an der wissenschaftlichen Aufarbeitung einer Information oder der Förderung des öffentlichen Diskurses zu einem wichtigen gesellschaftlichen Thema sein.[291]

V. Die Gebührenbemessung bei der Erfüllung mehrerer Gebührentatbestände

1. Das Verhältnis der Gebührentatbestände zueinander

Nach der Begründung zur IFGGebV sollen bei einer Amtshandlung auch mehrere Gebührentatbestände gleichzeitig zum Tragen kommen können.[292] Bedauerlicherweise enthält die IFGGebV keine Regelungen darüber, wann ein solcher Fall vorliegt und welche Konsequenzen sich daraus für die Gebührenerhebung ergeben. Soweit der Begründungstext auf umfangreiche oder schwierige Anträge verweist, steht dies im Widerspruch zum Wortlaut der Gebührentatbestände, die nicht nach dem Umfang oder der Komplexität eines Antrags, sondern nach der Art der Informationsübermittlung differenzieren. Daher bleibt unklar, in welchen Fällen es zur gleichzeitigen Erfüllung mehrerer Gebührentatbestände kommen soll. In Betracht kommen sowohl quantitative als auch qualitative Merkmale. Hiernach lassen sich drei Typen von Anträgen unterscheiden,[293] nämlich Anträge, die:

- mehrfach auf die gleiche Art des Informationszugangs gerichtet sind (Beispiel: Bitte um Erteilung einer schriftlichen Auskunft auf mehrere Einzelfragen),

---

290 Vgl. BVerwG, Urteil v. 29.6.2017, 7 C 24/15 = NVwZ 2017, 1862 (1868).
291 Vgl. Handreichung des BMI zur IFGGebV, S. 1 (Fn. 231).
292 Begründung zur IFGGebV, S. 6 (Fn. 79).
293 Mischformen und Kombinationen dieser Typen sind denkbar.

- auf unterschiedliche Arten des Informationszugangs gerichtet sind (Beispiel: Bitte um Erteilung einer schriftlichen Auskunft und Übersendung bestimmter Unterlagen),
- sich auf unterschiedliche Sachverhalte beziehen (Beispiel: Bitte um Erteilung einer schriftlichen Auskunft zu einem Gesetzgebungsverfahren und einem Zuwendungsverfahren).

a) Anträge, die mehrfach auf die gleiche Art des Informationszugangs gerichtet sind

Bei Anträgen, die mehrfach auf die gleiche Art des Informationszugangs gerichtet sind, kommt entweder die mehrfache Erfüllung desselben Gebührentatbestandes oder (gebühren-)tatbestandliche Handlungseinheit in Betracht.

Bei den unter der Nr. 1 des Gebührenverzeichnisses benannten Gebührentatbeständen fällt auf, dass bei gebührenfreien Auskünften (Nr. 1.1) der Plural, bei gebührenpflichtigen Auskünften (Nr. 1.2 und 1.3) der Singular verwendet wird. Streng nach dem Wortlaut wären demnach mehrere gleichzeitig erteilte Auskünfte gebührenfrei, während jede gebührenpflichtige Auskunft den Gebührentatbestand jeweils vollständig erfüllen würde. Diese Differenzierung wäre widersprüchlich, da neben Nr. 1.1. auch bei den unter Nr. 2 benannten Tatbeständen der Plural verwendet wird. Gerade bei den unter Nr. 2 benannten Tatbeständen gibt es keinen sinnvollen Anhaltspunkt für eine quantitative Begrenzung, bspw. nach der Anzahl der übersendeten Dokumente.[294] Ebenso wenig kann es für den Gebührentatbestand der Akteneinsicht darauf ankommen, wie viele Akten zur Einsichtnahme vorgelegt oder wie viele Termine benötigt werden. Diese Umstände wirken sich lediglich auf die Höhe der Gebühr, nicht aber auf die Anzahl der Gebührentatbestände aus.[295] Vor diesem Hintergrund gibt es keine sachlichen Gründe, eine Mehrzahl von Auskünften gebührenrechtlich anders zu behandeln. Daher wird auch bei einem Antrag, der durch eine Mehrzahl gebührenpflichtiger Auskünfte beantwortet wird, der jeweilige Gebührentatbestand nur einmal erfüllt.

---

294 VG Berlin, Urteil v. 10.7.2014, 2 K 232.13, Rn. 34 (juris).
295 BVerwG, Urteil v. 20.10.2016, 7 C 6/15, Rn. 20 (juris).

b) Anträge, die auf unterschiedliche Arten des Informationszugangs gerichtet sind

Bei Anträgen, die auf unterschiedliche Arten des Informationszugangs gerichtet sind, ist gebührenrechtliche Tatbestandseinheit möglich, denn in den Gebührentatbeständen der IFGGebV werden teilweise unterschiedliche Arten des Informationszugangs miteinander kombiniert. Ein einheitlicher Gebührentatbestand liegt u.a. gemäß Nr. 1.1 und Nr. 3 vor, wenn neben einer Auskunft (Nr. 1.1) bzw. einer Akteneinsicht (Nr. 3) wenige Abschriften an den Antragsteller herausgegeben werden. Darüber hinaus kombinieren die Tatbestände unter Nr. 1.2 und Nr. 1.3 die Erteilung einer Auskunft mit der Herausgabe von Abschriften im Sinne der Nr. 2.1 und Nr. 2.2.

In Fällen, in denen kein zusammengesetzter Gebührentatbestand existiert, kommt Tatbestandsmehrheit in Betracht. Dies betrifft den Informationszugang durch Akteneinsicht, wenn zusätzlich Auskünfte erteilt oder mehrere Abschriften herausgegeben werden.[296] Um differenzieren zu können, ab welcher Schwelle die Herausgabe von Abschriften einen eigenen Gebührentatbestand erfüllt, bietet sich ein Vergleich mit Nr. 1.1 an. Auch dort wird der gemeinsame Gebührentatbestand auf die Herausgabe weniger Abschriften begrenzt. Um eine Herausgabe weniger Abschriften handelt es sich demnach, wenn der angefallene Verwaltungsaufwand nicht erheblich ins Gewicht fällt und den zur Erteilung einer einfachen Auskunft aufzubringenden Aufwand nicht überschreitet. Wird dieses Maß überschritten, ist neben dem Gebührentatbestand in Nr. 3 auch einer der unter Nr. 2 geregelten Gebührentatbestände erfüllt.

c) Anträge, die sich auf unterschiedliche Sachverhalte beziehen

Die gleichzeitige Erfüllung mehrerer Gebührentatbestände kommt auch bei umfangreichen IFG-Anträgen in Betracht, die sich auf mehrere unterschiedliche Sachverhalte beziehen. Einen solchen Fall hatte das BMI bei einem IFG-Antrag zur finanziellen Förderung von Sportverbänden angenommen, dem es in 66 Einzelbescheiden mit jeweils gesonderten Informationen zu einzelnen Sportverbänden entsprochen hatte. Aus Sicht des BMI habe jeder dieser Bescheide einen eigenen Gebührentatbestand erfüllt.[297] Das BVerwG erkannte darin ein rechtswidriges Vorgehen, da es für die gebührenrechtliche Entscheidung unbedeutend

---

296 Begründung zur IFGGebV, S. 6 (Fn. 79).

297 Vgl. hierzu die Ausführungen in der Berufungsinstanz: OVG Berlin-Brandenburg, Urteil v. 19.3.2015, 12 B 26.14 (juris).

sei, ob dem Zugangsbegehren durch ein oder mehrere Verwaltungsakte entsprochen werde.[298] Entscheidend sei, ob ein Antrag ein oder mehrere Begehren enthält, was vom konkreten Sachverhalt abhänge. Sofern sich dieser bei wertender Betrachtung als einheitlicher Lebenssachverhalt darstelle, liege nur eine gebührenrechtlich relevante Leistung vor.[299] Das Gericht stützte sein Urteil u.a. auf § 10 Abs. 2 IFG, der schon bei der Bestimmung der gebührenpflichtigen Leistung zu berücksichtigen sei und der Aufspaltung eines einheitlichen Informationsbegehrens entgegenstehe.[300]

Dem BVerwG ist im Ergebnis zuzustimmen, weil die IFGGebV bei einem einheitlichen Antragsbegehren keinen Raum für die mehrfache Erfüllung desselben Gebührentatbestandes bietet.[301] Ob ein einheitliches Antragsbegehren vorliegt, ist allerdings eine Frage des Einzelfalls, die nicht am Maßstab des § 10 Abs. 2 IFG, sondern nach den allgemeinen Grundsätzen des Verwaltungsrechts zu beantworten ist. § 10 Abs. 2 IFG ist eine gebührenrechtliche Vorschrift, die schon ihrem Sinn und Zweck nach nicht geeignet ist, den Gegenstand des Verfahrens zu definieren. Der Verfahrensgegenstand wird vielmehr maßgeblich durch den Antrag und die diesbezüglichen Regelungen des Fachrechts bestimmt.[302] Dies sind insbesondere die den Antrag betreffenden Regelungen in § 1 Abs. 1 S. 1, Abs. 2 und § 7 Abs. 1 IFG. Demnach kennzeichnet sich ein IFG-Antrag durch zwei Elemente, die Bezugnahme auf ein bestimmtes Thema sowie ein konkretes Zugangsbegehren. Diese Elemente bestimmen den Verfahrensgegenstand (= das Informationsbegehren).[303] Bezieht sich ein IFG-Antrag auf unterschiedliche Sachverhalte, die in keinem engeren Zusammenhang zueinander stehen, liegen mehrere selbständige Informationsersuchen vor, über die gesondert zu entscheiden ist[304] und die jeweils einen eigenen Gebührentatbestand erfüllen.

---

298 BVerwG, Urteil v. 20.10.2016, 7 C 6/15, Rn. 20 (juris).
299 BVerwG, Urteil v. 20.10.2016, 7 C 6/15, Rn. 20 (juris).
300 BVerwG, Urteil v. 20.10.2016, 7 C 6/15, Rn. 19 (juris).
301 Teil 2 IV 1 a).
302 *Rixen*, in: Schoch/Schneider (Hrsg.), VwVfG, § 9 Rn. 31, § 22 Rn. 25.
303 Teil 1 II 1.
304 VG Berlin, Urteil v. 10.7.2014, 2 K 232.13, Rn. 32 (juris); ebenso: *Reidt/Schiller*, in: Landmann/Rohmer (Hrsg.), Umweltrecht I, § 12 UIG Rn. 7.

2. Die Berechnung der Gebühr bei gleichzeitiger Erfüllung mehrerer Gebührentatbestände

Mit Ausnahme vereinzelter Lösungsvorschläge in der Literatur,[305] hat sich bislang keine gefestigte Meinung etablieren können, welche Folgen die gleichzeitige Erfüllung mehrerer Gebührentatbestände auf die Gebührenerhebung hat.

In der UIGGebV gilt gemäß § 1 Abs. 2 UIGGebV, dass die Gebühren auch bei der gleichzeitigen Erfüllung mehrerer Gebührentatbestände einen Betrag von insgesamt 500 EUR nicht übersteigen dürfen. Das Fehlen einer solchen Regelung in der IFGGebV lässt zwei Schlüsse zu. Entweder handelt es sich um eine planwidrige Regelungslücke, die Raum für eine analoge Anwendung des § 1 Abs. 2 UIGGebV eröffnet, oder der Verordnungsgeber hat bewusst von einer solchen Regelung abgesehen, so dass eine analoge Anwendung ausscheidet.

Da sowohl die IFGGebV als auch die UIGGebV durch denselben Verordnungsgeber erlassen wurden und sich die IFGGebV in weiten Teilen eng an die UIGGebV anlehnt, ist kaum anzunehmen, dass die in § 1 Abs. 2 UIGGebV getroffene Regelung schlicht übersehen oder vergessen wurde. Ferner spricht die Begründung der IFGGebV dafür, dass dem Verordnungsgeber das Problem bewusst gewesen ist.[306] Es liegt daher keine planwidrige Regelungslücke vor, so dass eine analoge Anwendung des § 1 Abs. 2 UIGGebV ausscheidet.

Der Verordnungsgeber war zudem nicht dazu verpflichtet, im Rahmen der IFGGebV eine § 1 Abs. 2 UIGGebV entsprechende Regelung zu schaffen. Die in § 1 Abs. 2 UIGGebV getroffene Regelung ist unmittelbare Folge unionsrechtlicher Vorgaben zum Umweltinformationsrecht,[307] die im Rahmen des IFG keine Bindungswirkung entfalten.[308] Darüber hinaus nimmt die Gesetzesbegründung zum IFG zwar ausdrücklich Bezug auf § 12 UIG und deutet darauf hin, dass der Gesetzgeber von einem Höchstsatz von 500 EUR pro Antrag (und nicht pro Tatbestand) ausgeht.[309] Da allerdings weder die 500 EUR Grenze noch der Bezug auf § 12 UIG Eingang in den Gesetzestext gefunden haben, ist der Verordnungsgeber nicht verpflichtet, die Verordnung nach diesen Vorgaben zu gestalten. Hätte der Gesetzgeber eine engere Bindung des Verordnungsgebers

---

305 U.a.: *Debus*, DVBl 2013, 9 (10).
306 Begründung zur IFGGebV, S. 6 (Fn. 79).
307 *Reidt/Schiller*, in: Landmann/Rohmer (Hrsg.), Umweltrecht I, § 12 UIG Rn. 20; *Karg*, in: Gersdorf/Paal (Hrsg.), BeckOK InfoMedienR, § 12 UIG Rn. 7,
308 *Sicko*, in: Gersdorf/Paal (Hrsg.), BeckOK InfoMedienR, § 10 IFG Rn. 59.
309 BT-Drs. 15/4493, S. 16.

gewollt, hätte er die Verordnungsermächtigung in § 10 Abs. 3 IFG entsprechend anpassen müssen.[310]

Nach der IfGGebV sind demnach bei der gleichzeitigen Erfüllung mehrerer Gebührentatbestände die Gebühren jeweils gesondert für jeden einzelnen Tatbestand zu berechnen. Dies kann in der Summe zu einem Betrag führen, der den in der Gesetzesbegründung zum IFG bezeichneten Höchstsatz von 500 EUR um ein Vielfaches übersteigt. Ob dieses Ergebnis mit den gebührenrechtlichen Vorgaben des § 10 Abs. 2 IFG vereinbar ist, erscheint zweifelhaft.[311] Dies gilt erst recht, wenn sich ein Antragsteller gleichzeitig mit mehreren Informationsersuchen an eine Behörde wendet. Denn auch wenn die 500 EUR Grenze keinen Eingang in das Gesetz gefunden hat, ist nicht von der Hand zu weisen, dass ein Betrag, der über dieser Schwelle liegt, objektiv abschreckende Wirkung entfalten kann. Andererseits gibt es keinen Grund, einen Antragsteller gebührenrechtlich nur deshalb zu bevorzugen, weil er seine Informationsersuchen im Wege der Antragshäufung geltend gemacht hat. Bei der Addition mehrerer Gebührentatbestände wird die Behörde daher je nach den Umständen des Einzelfalls prüfen müssen, ob die für die einzelnen Leistungen erhobenen Gebühren auf ein geringeres Maß zu reduzieren sind, wenn dies geboten ist, um eine abschreckende Wirkung zu verhindern. In rechtsdogmatischer Sicht handelt es sich hierbei um eine Anpassung der Gebühr aus Gründen der sachlichen Unbilligkeit gemäß § 2 IFGGebV.[312]

---

310 *Schoch*, IFG, § 10 Rn. 96.
311 *Sicko*, in: Gersdorf/Paal (Hrsg.), BeckOK InfoMedienR, § 10 IFG Rn. 59.
312 So auch: *Reinhart*, DÖV 2007, 18 (23).

Teil 3: Der Ablauf des Verfahrens. Von der Vorbereitung der Gebührenentscheidung bis zur Rechtskraft

I. Maßnahmen im Vorfeld der Gebührenentscheidung

1. Hinweis- und Informationspflichten der Behörde

Während die Behörde gemäß § 7 Abs. 1 S. 3 VIG ausdrücklich dazu verpflichtet ist, den Antragsteller über die voraussichtliche Höhe der Gebühren vorab zu informieren, wurde im Rahmen des IFG auf eine derartige Regelung verzichtet. Ebenso wenig wurde in das IFG eine § 4 Abs. 2 S. 2 UIG entsprechende Regelung, nach der die Behörde den Antragsteller hinsichtlich des Inhalts seiner Anfrage zu beraten hat, aufgenommen. Der Gesetzesbegründung ist zu entnehmen, dass Regelungen zur Präzisierung des Antrags und zur Beratung und Unterstützung durch die Behörde angesichts § 25 VwVfG entbehrlich seien.[313] Die Ausführungen offenbaren ein widersprüchliches Verständnis des Gesetzgebers vom Umfang der allgemeinen Beratungs- und Auskunftspflichten gemäß § 25 Abs. 1 VwVfG. Legte man dieses Verständnis dem UIG und dem VIG zu Grunde, müsste man zu der Erkenntnis gelangen, dass § 7 Abs. 1 S. 3 VIG und § 4 Abs. 2 S. 2 UIG lediglich deklaratorische Bedeutung haben.[314] Wohl nicht zuletzt aufgrund dieser Widersprüchlichkeiten ist der Umfang der behördlichen Beratungspflichten im Rahmen des IFG, auch im Zusammenhang mit der Erhebung von Gebühren, umstritten.

Einzelne Stimmen vertreten, dass die Behörden im Rahmen des IFG dazu verpflichtet seien, den Antragsteller auf die bevorstehende Erhebung von Gebühren hinzuweisen.[315] Dies folge aus den allgemeinen Auskunfts- und Beratungspflichten gemäß § 25 Abs. 1 VwVfG.[316] In abgeschwächter Art und Weise

---

313 BT-Drs. 15/4493 S. 14; zustimmend: *Schmitz/Jastrow*, NVwZ 2005, 984 (989).

314 Zurecht a.A. *Reidt/Schiller*, in: Landmann/Rohmer (Hrsg.), Umweltrecht I, § 4 UIG Rn. 6, denn die Pflicht zur Unterstützung geht über die allgemeinen Auskunfts- und Beratungspflichten gem. § 25 Abs. 1 VwVfG hinaus.

315 *Sitsen*, Das IFG des Bundes, S. 332.

316 *Sitsen*, Das IFG des Bundes, S. 332.

wird von anderer Seite vertreten, diese Pflicht bestehe erst ab einer gewissen Gebührenhöhe.[317]

Gegen eine generelle Hinweispflicht sprechen systematische Erwägungen, denn die in § 7 Abs. 1 S. 3 VIG und § 4 Abs. 2 S. 2 UIG geregelten Hinweis- und Beratungspflichten gehen über das gemäß § 25 Abs. 1 VwVfG geschuldete Maß hinaus.[318] § 25 Abs. 1 VwVfG lässt sich keine generelle Aufklärungs- und Belehrungspflicht entnehmen.[319] Der Umfang der Betreuungspflichten bemisst sich vielmehr nach den Umständen des Einzelfalls.[320] Zu diesen Umständen gehören auch die Besonderheiten des jeweiligen Verfahrensrechts, insbesondere „*ob der Bürger sich über die rechtlichen Gegebenheiten unschwer orientieren kann*"[321]. In dieser Hinsicht besteht ein erheblicher Unterschied zwischen dem IFG und dem VIG in Bezug auf die gebührenrechtlichen Folgen. Denn während gemäß § 7 Abs. 1 S. 1 VIG Gebühren nur unter dem Vorbehalt des § 7 Abs. 1 S. 2 VIG erhoben werden, ist die Erhebung von Gebühren gemäß § 10 Abs. 1 S. 1 IFG als Regelfall ausgestaltet. Während bei einem Antrag nach dem VIG nicht ohne weiteres erkennbar ist, ob mit der Erhebung von Gebühren zu rechnen ist, muss bei einem IFG-Antrag stets mit der Erhebung von Gebühren gerechnet werden.

Gleichwohl kann auch im Rahmen des IFG auf die zu erwartenden Gebühren hinzuweisen sein. Eine Pflicht zur Auskunft i.S.d. § 25 Abs. 1 S. 2 VwVfG ergibt sich jedenfalls, wenn der Antragsteller um Erteilung eines Hinweises gebeten hat.[322] Darüber hinaus ist der Antragsteller auf die Gebühren hinzuweisen, wenn aus den Umständen des Antrags ersichtlich ist, dass er auf einen gebührenfreien Informationszugang vertraut hat.[323]

Da der Antragsteller oftmals keine genaue Vorstellung davon haben wird, welcher Aufwand bei der Behörde für die Bearbeitung seines Antrags anfällt, besteht ein erhöhtes Risiko, dass der Antragsteller aus Unkenntnis oder versehentlich einen Antrag stellt, der einen höheren Aufwand auslöst, als zur Befriedigung

---

317 U.a.: *Debus*, DVBl 2013, 9 (12).

318 *Griebel*, Absicherung von Informationsfreiheitsrechten, S. 103; *Kallerhoff/Fellenberg*, in: Stelkens/Bonk/Sachs (Hrsg.), VwVfG, § 25 Rn. 23; *Schoch*, IFG, § 10 Rn. 45.

319 *Kallerhoff/Fellenberg*, in: Stelkens/Bonk/Sachs (Hrsg.), VwVfG, § 25 Rn. 14.

320 *Kallerhoff/Fellenberg*, in: Stelkens/Bonk/Sachs (Hrsg.), VwVfG, § 25 Rn. 24.

321 BVerwG, Urteil v. 08.12.1995, 8 C 37/93 = NJW 1997, 71 (75).

322 *Schoch*, IFG, § 10 Rn. 45.

323 Denn eine Auskunft i.S.d. § 25 Abs. 1 S. 2 VwVfG erfordert nicht zwingend ein Ersuchen des Antragstellers, sondern kann auch aufgrund der Umstände des Einzelfalls erforderlich sein; siehe: *Kallerhoff/Fellenberg*, in: Stelkens/Bonk/Sachs (Hrsg.), VwVfG, § 25 Rn. 46 f.

seines Informationsbegehrens erforderlich ist.[324] Ist dieser Mangel offensichtlich, ist die Behörde gemäß § 25 Abs. 1 S. 1 IFG zur Erteilung eines Hinweises verpflichtet.[325] Unterlässt die Behörde einen Hinweis und ist der Antragsteller deshalb daran gehindert, den Mangel seines Antrags zu erkennen, kann dies zur Rechtswidrigkeit des Gebührenbescheids führen.[326] Die Empfehlung des BMI, bei hohen Gebühren stets einen Hinweis zu erteilen,[327] ist aus behördlicher Sicht daher sinnvoll, wenngleich die Höhe der Gebühr aus rechtlicher Hinsicht nur ein nachrangiges Kriterium ist. Entscheidend sind vielmehr – wie gezeigt – die Umstände des Einzelfalls.[328]

2. Anforderung von Sicherungsmitteln

Gemäß § 15 Abs. 1 BGebG kann die Behörde eine individuell zurechenbare öffentliche Leistung, die auf Antrag zu erbringen ist, von der Zahlung eines Vorschusses oder von der Leistung einer Sicherheit bis zur Höhe der voraussichtlich entstehenden Gebühren und Auslagen abhängig machen. In Ermangelung einer abweichenden Regelung gilt § 15 Abs. 1 BGebG auch im Rahmen eines IFG-Verfahrens. Macht die Behörde von dieser Möglichkeit Gebrauch, hat sie einen entsprechenden Bescheid zu erlassen.[329]

Die Anforderung von Sicherungsmitteln wird an enge Voraussetzungen geknüpft. Ein Vorschuss- oder eine Sicherheitsleistung i.S.d. § 15 Abs. 1 BGebG soll nach überwiegender Auffassung nur verlangt werden können, wenn eine Gefährdung des Haushaltsinteresses vorliegt.[330] Darüber hinaus habe die Behörde gemäß § 10 Abs. 2 IFG zu vermeiden, dass sich die Anforderung von Sicherungsmitteln abschreckend auf den Antragsteller auswirkt. Dies führe zu einem restriktiven Gebrauch dieser Mittel.[331]

Dieser Sichtweise ist zu folgen, denn die Anforderung eines Vorschusses i.S.d. § 15 Abs. 1 BGebG stellt eine Ausnahme von der gesetzlichen Regel dar, nach der die Gebührenschuld erst nach Beendigung der öffentlichen Leistung entsteht

324 Vgl. zum UIG: *Reidt/Schiller*, in: Landmann/Rohmer (Hrsg.), Umweltrecht I, § 4 UIG Rn. 5a.
325 *Kallerhoff/Fellenberg*, in: Stelkens/Bonk/Sachs (Hrsg.), VwVfG, § 25 Rn. 39.
326 OVG Lüneburg, Urteil v. 24.2.1982, 9 A 29/80 = MDR 1983, 784.
327 BMI, Anwendungshinweise zum IFG, GMBl 2005, 1346 (1350).
328 *Schoch*, IFG, § 10 Rn. 45.
329 *Prömper/Stein*, BGebG, § 15 Rn. 5.
330 *Schoch*, IFG, § 10 Rn. 43.
331 VG Berlin, Urteil v. 8.11.2012, 2 K 2.12, Rn. 19 (juris).

(§ 4 Abs. 1 S. 1 BGebG) und gemeinsam mit der Sachentscheidung festgesetzt wird (§ 13 Abs. 1 S. 2 BGebG).[332] Diese Abweichung ist nur gerechtfertigt, wenn ein überwiegendes rechtliches Interesse an der Anforderung eines Sicherungsmittels besteht. Ein solches Interesse liegt vor, wenn einerseits mit einem erhöhten Verwaltungsaufwand zu rechnen ist, durch den erhebliche Kosten auf Seiten der Verwaltung ausgelöst werden, und andererseits konkrete Anhaltspunkte dafür vorliegen, dass der Antragsteller die Gebühr nicht zahlen wird.[333]

Darüber hinaus liegt die Anforderung eines Sicherungsmittels gemäß § 15 Abs. 1 BGebG im Ermessen der Behörde. Im Rahmen dieses Ermessens sind die gebührenrechtlichen Vorgaben des § 10 Abs. 2 IFG, aber auch der übrigen Vorschriften des IFG, insbesondere § 10 Abs. 5 S. 1 IFG, zu berücksichtigen.[334] Liegen in der Person des Antragstellers Gründe vor, die voraussichtlich zu einer Befreiung oder wesentlichen Ermäßigung der Gebühr nach Maßgabe des § 2 IFGGebV führen, oder drohen dem Antragsteller durch einen verzögerten Informationszugang erhebliche Nachteile, kommt die Anforderung eines Sicherungsmittels nicht in Betracht.[335]

II. Die Bekanntgabe der Gebührenentscheidung

Gemäß § 13 Abs. 1 S. 2 BGebG soll die Gebührenfestsetzung grundsätzlich mit der Sachentscheidung ergehen. Da es sich hierbei lediglich um eine Soll-Vorschrift handelt, ist eine von der Sachentscheidung getrennte Gebührenentscheidung ohne weiteres möglich.[336] Im Anwendungsbereich des IFG kann eine getrennte Sachentscheidung sogar aus verfahrensrechtlichen Gesichtspunkten geboten sein, denn gemäß § 7 Abs. 5 S. 1 IFG ist die Behörde dazu verpflichtet, dem Antragsteller die begehrte Information unverzüglich zugänglich zu machen. Sie verfügt in dieser Hinsicht über keinen weiteren Ermessensspielraum.[337]

---

332 *Prömper/Stein*, BGebG, § 15 Rn. 3.
333 *Schoch*, IFG, § 10 Rn. 43; Die Anonymität des Antragstellers (siehe: *Blatt*, in: Brink/Polenz/Blatt, IFG, § 7 Rn. 22) dürfte kein ausreichender Grund zur Anforderung eines Vorschusses sein, denn der Antragsteller kann dazu aufgefordert werden, seine Identität offenzulegen; VG Köln, Urteil v. 18.3.2021, 13 K 1189/20 (juris).
334 U.a.: *Sicko*, in: Gersdorf/Paal (Hrsg.), BeckOK InfoMedienR, § 10 IFG Rn. 43.
335 Dabei muss die Behörde die Verzögerungen einbeziehen, die infolge der gem. § 15 Abs. 2 BGebG zu setzenden Frist entstehen, die dem Gebührenschuldner zwingend einzuräumen ist; siehe: *Prömper/Stein*, BGebG, § 15 Rn. 13.
336 *Prömper/Stein*, BGebG, § 13 Rn. 6.
337 *Schoch*, IFG, § 7 Rn. 161; *Sicko*, in: Gersdorf/Paal (Hrsg.), BeckOK InfoMedienR, § 7 IFG Rn. 79.

Ist dem Informationszugang stattzugeben und liegt die erbetene Information unmittelbar zur Herausgabe an den Antragsteller vor, ist zunächst Informationszugang zu gewähren, wenn für die Erhebung der Gebühren noch weitere Zeit benötigt wird.[338]

Die Gebührenentscheidung ist gemäß § 39 Abs. 1 VwVfG zu begründen. Gemäß § 39 Abs. 1 S. 3 VwVfG soll die Behörde auch die Gesichtspunkte erkennen lassen, von denen sie im Rahmen ihrer Ermessensentscheidung ausgegangen ist. Nach überwiegender Auffassung ist § 39 Abs. 1 S. 3 VwVfG dahingehend zu verstehen, dass nur in Ausnahmefällen von dieser Regelung abgewichen werden darf.[339] Da der Gebührenschuldner nur unter Darlegung der Gesichtspunkte, die die Behörde ihrer Ermessensentscheidung zugrunde gelegt hat, beurteilen kann, ob die Behörde ihr Ermessen ordnungsgemäß ausgeübt hat,[340] ist dieser Auffassung zu folgen. Dessen ungeachtet hat die Behörde auch im Rahmen einer Ermessensentscheidung den Anforderungen des § 39 Abs. 1 S. 2 VwVfG zu genügen.[341] Schon aufgrund dieser Regelung ist die Behörde verpflichtet, die wesentlichen tatsächlichen und rechtlichen Gründe mitzuteilen, die ihrer Entscheidung zu Grunde liegen.[342] Dies umfasst insbesondere die Darlegung des der Gebührenberechnung zu Grunde liegenden Verwaltungsaufwandes.[343] Da die Bemessungsprinzipien des § 10 Abs. 2 IFG in einer Wechselbeziehung zueinander stehen, ist der tatsächlich angefallene Aufwand der Verwaltung in ein Verhältnis mit der konkret erhobenen Gebühr zu setzen, denn der Gebührenschuldner muss erkennen können, inwieweit sich das Gebot der wirksamen Inanspruchnahme des Informationszugangs auf die Höhe der Gebühr ausgewirkt hat. Zu einer minutengenauen Darlegung ihrer Verwaltungsleistung ist die Behörde indes nicht verpflichtet,[344] da es sich bei den Gebühren i.S.d. IFGGebV nicht um Zeitgebühren gemäß § 11 Nr. 2 BGebG, sondern um Rahmengebühren handelt.[345] Eine Aufschlüsselung nach Zeitaufwand unter Anwendung pauschaler Stundensätze kommt daher ebenso in Betracht wie die Darstellung der

---

338 Bspw., weil noch nicht alle Feststellungen zur Erhebung der Gebühr getroffen wurden oder weitere Zeit für die Erstellung des Gebührenbescheids benötigt wird.

339 Statt vieler: *Stelkens*, in: Stelkens/Bonk/Sachs (Hrsg.), VwVfG, § 39 Rn. 66 m.w.N.

340 *Roth-Isigkeit*, DÖV 2020, 1018 (1019).

341 *Stelkens*, in: Stelkens/Bonk/Sachs (Hrsg.), VwVfG, § 39 Rn. 65.

342 Vgl. *Roth-Isigkeit*, DÖV 2020, 1018 (1022), der § 39 Abs. 1 S. 3 VwVfG daher nur deklaratorische Bedeutung beimisst.

343 Vgl. VG Gelsenkirchen, Urteil v. 8.1.2015, 17 K 5214/13 = ZD 2015, 604 (604 f.).

344 *Debus*, DVBl 2013, 9 (11).

345 BVerwG, Urteil v. 13.10.2020, 10 C 23/19 = NVwZ 2021, 497 (497).

einzelnen Arbeitsschritte unter Anwendung pauschaler Gebührensätze für die einzelnen Verfahrensabschnitte.[346]

III. Rechtsmittel gegen die Gebührenentscheidung

Das IFG enthält keine Regelung über die Rechtsmittel, die dem Gebührenschuldner gegen die Gebührenentscheidung zur Verfügung stehen, so dass auf § 20 BGebG zurückzugreifen ist.[347] Demnach kann die Gebührenfestsetzung entweder zusammen mit der Sachentscheidung oder selbständig angefochten werden (§ 20 Abs. 1 S. 1 BGebG). Geht der Betroffene gegen die Sachentscheidung vor, erstreckt sich der Rechtsbehelf auch auf die Gebührenfestsetzung (§ 20 Abs. 1 S. 2 BGebG). Der Gebührenschuldner im Rahmen eines IFG-Verfahrens kann somit entweder gemäß § 9 Abs. 4 S. 1 IFG Widerspruch gegen die Sachentscheidung erheben oder isoliert gegen die Gebührenentscheidung vorgehen. Dem Gebührenschuldner im Rahmen eines IFG-Verfahrens wird es allerdings häufig an der Beschwer in der Hauptsache fehlen, da Gebühren nur bei der Stattgabe des Antrags anfallen.[348] In der Regel wird daher nur die isolierte Anfechtung der Gebührenentscheidung in Betracht kommen.

Statthafte Klageart gegen den Gebührenbescheid ist die Anfechtungsklage gemäß § 42 Abs. 1 Alt. 1 VwGO.[349] Gegen Gebührenentscheidungen, die nicht von einer obersten Bundesbehörde erlassen wurden, ist gemäß § 68 Abs. 1 S. 1 VwGO zunächst Widerspruch zu erheben.[350] Bei der Anfechtung einer von einer obersten Bundesbehörde getroffenen Entscheidung ist das Widerspruchsverfahren hingegen gemäß § 68 Abs. 1 S. 2 Nr. 1 VwGO grundsätzlich entbehrlich. Dennoch vertreten weite Teile der Literatur, dass auch in diesem Fall ein Widerspruchsverfahren durchzuführen ist.[351] Dies folge aus dem Konzept des Anfechtungsverbundes, das bei der doppelten Anfechtungssituation berücksichtigt werden müsse.[352] Diese Situation liege vor, wenn die Behörde den Informationszugang ablehnt und dennoch (rechtswidrig) Gebühren erhebt. Eine

---

346 *Polenz*, in: Brink/Polenz/Blatt, IFG, § 10 Rn. 16; VG Gelsenkirchen, Urteil v. 8.1.2015, 17 K 5214/13 = ZD 2015, 604 (604 f.).

347 *Schoch*, IFG, § 10 Rn. 110.

348 *Schoch*, IFG, § 10 Rn. 110.

349 VG Berlin, Urteil v. 10.7.2014, 2 K 232.13 (juris).

350 *Sicko*, in: Gersdorf/Paal (Hrsg.), BeckOK InfoMedienR, § 10 IFG Rn. 67.

351 U.a.: *Schoch*, IFG, § 10 Rn. 114; *Sicko*, in: Gersdorf/Paal (Hrsg.), BeckOK InfoMedienR, § 10 IFG Rn. 68 m.w.N.

352 *Sicko*, in: Gersdorf/Paal (Hrsg.), BeckOK InfoMedienR, § 10 IFG Rn. 70.

sinnvolle oder sachgerechte Entscheidung über die Gebühren könne in diesem Fall nicht ohne Entscheidung in der Hauptsache ergehen.[353] In allen anderen Konstellationen könne zwar nicht auf das Konzept des Anfechtungsverbundes zurückgegriffen werden, es bestehe allerdings eine vergleichbare Interessenslage auf die § 9 Abs. 4 Abs. 2 IFG entweder im Wege einer weiten Auslegung oder analog anzuwenden sei.[354] Dieses Ergebnis entspreche dem Sinn und Zweck des § 9 Abs. 4 IFG. Darüber hinaus verkompliziere es die Rechtslage, wenn bei der Anfechtung der Gebührenentscheidungen oberster Bundesbehörden das Widerspruchsverfahren entfalle.[355]

Diese Sichtweise ist problematisch. Gegen die erweiternde Auslegung des § 9 Abs. 4 S. 2 IFG spricht, dass sich die Norm ausdrücklich auf die ablehnende Entscheidung und damit auf die Sachentscheidung bezieht. Die Ausdehnung des Anwendungsbereichs dieser Norm auf die Anfechtung des Gebührenbescheids überdehnt daher die Grenze des Wortlauts.[356]

Auch eine analoge Anwendung begegnet Bedenken, da sie gegen Wortlaut, Sinn und Zweck des § 68 Abs. 1 S. 2 Nr. 1 VwGO widerspricht. Das Widerspruchsverfahren dient dazu, die Gerichte zu entlasten und dem Antragsteller eine weitere Rechtsschutzmöglichkeit sowie der Behörde die Möglichkeit zur Selbstkontrolle zu eröffnen.[357] Der Gesetzesbegründung zur VwGO ist zu entnehmen, dass bei obersten Bundesbehörden, *„zufolge der bei diesen Behörden zu unterstellenden fachlichen Qualifikation"* von einem Vorverfahren abgesehen werden kann, da das Verfahren *„vielfach nur unnütze Verzögerung der verwaltungsgerichtlichen Entscheidung bedeuten würde".*[358] Vor diesem Hintergrund kann nicht ohne weiteres angenommen werden, dass dort, wo das Widerspruchsverfahren bei obersten Bundesbehörden nicht ausdrücklich angeordnet wurde, eine planwidrige Regelungslücke besteht, da dies eine Ausnahme von dem durch den Gesetzgeber gewollten Regelfall ist. Es muss vielmehr, auch mit Blick auf das Demokratieprinzip, feststehen, dass die Abweichung von § 68 Abs. 1 S. 2 Nr. 1 VwGO dem Willen des Gesetzgebers entspricht.[359] Dies ist schon deshalb problematisch, weil die Anordnung des Widerspruchsverfahrens auch politischen

---

353 *Schoch*, IFG, § 10 Rn. 114.
354 *Sicko*, in: Gersdorf/Paal (Hrsg.), BeckOK InfoMedienR, § 10 IFG Rn. 72 m.w.N.
355 *Sicko*, in: Gersdorf/Paal (Hrsg.), BeckOK InfoMedienR, § 10 IFG Rn. 70 m.w.N.
356 Zur Begrenzung der Auslegung durch den Wortlaut vgl. u.a. BVerfG, Beschl. v. 22.10.1985, 1 BvL 44/83 = BVerfGE 71, 81 (105).
357 Vgl. *Rüssel*, NVwZ 2006, 523 (524).
358 BT-Drs. 3/55, S. 38.
359 *Gern*, NVwZ 1995, 1145 (1147 f.).

Überlegungen und Zweckmäßigkeitserwägungen unterworfen ist.[360] Im unmittelbaren Vergleich mit § 5 Abs. 5 VIG und § 6 Abs. 2 UIG zeigen sich zudem deutliche Abweichungen in Bezug auf den Wortlaut, die die Zweifel daran verstärken, dass dem Gesetzgeber die abweichende Formulierung in § 9 Abs. 4 IFG lediglich versehentlich und entgegen seines eigentlichen Willens unterlaufen ist. Ferner hat die analoge Anwendung des § 9 Abs. 4 IFG nachteilige Folgen, da sie dem Gebührenschuldner die Möglichkeit, unmittelbar eine gerichtliche Entscheidung herbeiführen zu können, entzieht.[361] Vor diesem Hintergrund ist eine analoge Anwendung des § 9 Abs. 4 IFG auf die isolierte Anfechtung der Gebührenentscheidung einer obersten Bundesbehörde abzulehnen.[362]

Der Durchführung eines Widerspruchverfahrens bedarf es schließlich auch nicht in der Konstellation des Anfechtungsverbundes, da es hierfür kein rechtliches Erfordernis gibt. Zum einen ist der in der Literatur skizzierte Fall weitgehend konstruiert.[363] Den Behörden ist bewusst, dass die IFGGebV keinen Gebührentatbestand für die Erhebung von Gebühren bei einer ablehnenden Sachentscheidung enthält. Anhaltspunkte für eine gegenteilige Praxis lassen sich weder den Berichten des BfDI noch der Rechtsprechung entnehmen.[364] Sollte eine Behörde für einen ablehnenden Bescheid Gebühren erhoben haben, bedarf es keiner weiteren Feststellungen zur Sachentscheidung, da die Gebührenentscheidung stets rechtswidrig ist, so dass das Gericht eine unmittelbare Entscheidung treffen kann.[365] Zum anderen kann das Gericht, für den Fall, dass es ausnahmsweise weiterer Feststellungen in der Sachentscheidung bedarf, das Verfahren gemäß § 94 VwGO aussetzen.[366] Zuvor wird es dem Kläger einen Hinweis

---

360 Es besteht daher ein weitreichender Gestaltungsspielraum des Gesetzgebers; hierzu: *Biermann*, NordÖR 2007, 139 (140). Zu der vergleichbaren Situation im Abgabenrecht siehe: *Gern*, NVwZ 1995, 1145 (1148).

361 Siehe hierzu: BT-Drs. 3/55, S. 38: „*Andererseits verzögert das Vorverfahren (…) die verwaltungsgerichtliche Entscheidung; es kann daher (…) zu einer Beeinträchtigung des Rechtsschutzes führen*".

362 Ob eine belastende Analogie im Verwaltungsrecht zulässig ist, wird unterschiedlich bewertet, vgl. *Konzak*, NVwZ 1997, 872 ff., ablehnend: *Beaucamp*, AöR 2009, 83. Eine vertiefende Auseinandersetzung kann mit Blick auf die übrigen Argumente gegen die analoge Anwendung des § 9 Abs. 4 S. 2 IFG dahinstehen.

363 So auch: *Sicko*, in: Gersdorf/Paal (Hrsg.), BeckOK InfoMedienR, § 10 IFG Rn. 70.

364 Grund zur Beanstandung ist i.d.R. die Höhe der Gebühr, vgl. BfDI, 29. TB, S. 87.

365 Vgl. *Rudisile*, in: Schoch/Schneider (Hrsg.), VwGO, § 94 Rn. 18 ff.

366 *Rudisile*, in: Schoch/Schneider (Hrsg.), VwGO, § 94 Rn. 18 ff., 27.

erteilen,[367] so dass dieser den ggf. noch nicht erhobenen Widerspruch gegen die Sachentscheidung erheben kann.[368] Ist die Frist zur Erhebung des Widerspruchs bereits verstrichen, kann er einen Antrag auf Widereinsetzung bei der Behörde gemäß § 70 Abs. 2, § 60 Abs. 1 VwGO stellen. Ob diesem Antrag zu entsprechen ist, ist eine Frage des Einzelfalls. In der Regel wird der Umstand der Fristversäumung auf einem Rechtsirrtum beruhen, so dass der Antrag abzulehnen sein dürfte.[369] Dieses Ergebnis ist jedoch keinesfalls unbillig. Es liegt gerade in der Sphäre des Betroffenen, die ihm zur Verfügung stehenden Rechtsmittel rechtzeitig einzulegen und sich im Zweifel juristischen Rat einzuholen.[370] Bei der Wahl des richtigen Rechtsmittels wird er von Seiten der Behörde unterstützt, denn der Gebührenschuldner ist als Adressat des ihn belastenden Verwaltungsakts über die ihm zur Verfügung stehenden Rechtsmittel zu belehren (§ 58 Abs. 1 VwGO). Ist die Belehrung unterblieben oder falsch, verlängert sich die Frist zur Einlegung des Rechtsmittels gemäß § 58 Abs. 2 VwGO.

Nach alledem ist bei der isolierten Anfechtung des Gebührenbescheides einer obersten Bundesbehörde kein Widerspruchsverfahren durchzuführen. Der Gebührenschuldner kann vielmehr unmittelbar Anfechtungsklage erheben.

---

367 § 94 VwGO erfordert die Anhörung der Beteiligten, siehe: *Rudisile*, in: Schoch/Schneider (Hrsg.), VwGO, § 94 Rn. 38.

368 Denn § 94 VwGO erfordert nicht die Anhängigkeit des Widerspruchverfahrens, siehe: *Rudisile*, in: Schoch/Schneider (Hrsg.), VwGO, § 94 Rn. 27.

369 *Bier/Steinbeiß-Winkelmann*, in: Schoch/Schneider (Hrsg.), VwGO, § 60 Rn. 33.

370 *Bier/Steinbeiß-Winkelmann*, in: Schoch/Schneider (Hrsg.), VwGO, § 60 Rn. 33.

Schlussteil: Zusammenfassung der Ergebnisse

Als Ergebnis dieser Untersuchung lässt sich festhalten, dass die gebührenrechtlichen Regelungen des IFG und die IfGGebV zahlreiche Schwächen offenbaren. Besonders verfehlt ist der in § 10 Abs. 3 S. 2 IFG geregelte Ausschluss des § 10 BGebG, der den Zielen des Gesetzgebers in Teilen zuwiderläuft und erhebliches Missbrauchspotential eröffnet. Ferner ist der systematische Bruch zwischen der nach dem Aufwand ausgerichteten Gebührenfolge des § 10 Abs. 1 S. 1 IFG und den nach der Informationsübermittlung ausgerichteten Gebührentatbeständen der IfGGebV misslich, da sich hieraus weitere Folgeprobleme ergeben. Die Regelungen sollten daher reformiert werden.

Der Gesetzgeber sollte im Rahmen einer Reform in Erwägung ziehen, konkretere Vorgaben für die Gebührenberechnung zu treffen. Die derzeit divergierende Praxis erweist sich aus Sicht der Antragsteller als misslich. Auch stellt das verbreitete Prinzip der individuellen Gleichmäßigkeit keine geeignete Berechnungsmethode für die Bestimmung der Höhe der Gebühr dar. Eine einheitlichere Methode ließe sich z.b. durch eine engere Anlehnung an das VIG erreichen, wobei IFG-spezifische Besonderheiten berücksichtigt werden müssten. Hierzu gehört insbesondere die umfassende Berücksichtigung des Gebots der wirksamen Inanspruchnahme des Informationszugangs. In Entsprechung mit dem UIG sollte hingegen stärker betont werden, dass dieses Gebot sowohl eine objektive als auch eine subjektive Dimension aufweist.

Ferner sind auch die verfahrensrechtlichen Regelungen reformbedürftig. Die Anordnung von Hinweis- und Aufklärungspflichten, ähnlich wie im Rahmen des UIG, erscheint mit Blick auf das Informationsdefizit auf Seiten der Antragsteller sinnvoll. Schließlich sollte auch § 9 Abs. 4 IFG überarbeitet werden, um die Unklarheiten in Bezug auf das Widerspruchsverfahren zu beseitigen.

Ob der Gesetzgeber sich der erforderlichen Reform annehmen wird, bleibt abzuwarten. Sie wäre in rechtlicher Hinsicht zu begrüßen und gleichsam eine Chance, das Spannungsverhältnis zwischen Behörden und Antragstellern aufzulösen.

Literaturverzeichnis

Assenbrunner, Benedikt, Bürgerbeteiligung bei der Kontrolle der Ausübung von Regierungsgewalt, Zur Anwendbarkeit des Informationsfreiheitsgesetzes auf das Regierungshandeln oberster Bundesbehörden, in: DÖV 2012, 547.

Beaucamp, Guy, Zum Analogieverbot im öffentlichen Recht, in: AöR 2009, 83.

Beaucamp, Guy, Ermessen der Verwaltung: Frei? Pflichtgemäß? Reduziert? Intendiert?, Eine Bestandsaufnahme, in: JA 2006, 74.

Berger, Sven/Partsch, Christoph/Roth, Jürgen/Scheel, Christopher, Informationsfreiheitsgesetz Kommentar, 2. Auflage, Köln 2013 (zitiert: Berger/Partsch/Roth/Scheel, IFG).

Bundesbeauftragter für den Datenschutz und die Informationsfreiheit, 29. Tätigkeitsbericht für den Datenschutz und die Informationsfreiheit, Bonn 2021 (zitiert: BfDI, 29. TB).

Biermann, Henning, Das Widerspruchsverfahren in der Krise, Überflüssige Hürde auf dem Weg zum Verwaltungsgericht oder bürgerfreundliches Verfahren mit Zukunftsperspektive?, in: NordÖR 2007, 139.

Brink, Stefan/Polenz, Sven/Blatt, Henning, Informationsfreiheitsgesetz, München 2017 (zitiert: Bearbeiter, in: Brink/Polenz/Blatt, IFG).

Brüning, Christoph, Zur Kostendeckung bei Verwaltungsgebühren, in: DÖV 2020, 430.

Debus, Alfred, Gebühren für Informationen nach dem Informationsfreiheitsgesetz des Bundes, Aktuelle Probleme, Erhebungspraxis, Rechtsvergleich und Reformvorschlag, in: DVBl 2013, 9.

Dietrich, Stephan, Informationsansprüche von Presseangehörigen gegenüber der Bundestagsverwaltung, in: K&R 2011, 385.

Dreier, Horst (Hrsg.), Grundgesetz-Kommentar, Band I, 3. Auflage, Tübingen 2013 (zitiert: Bearbeiter, in: Dreier (Hrsg.), GG I).

Fehling, Michael/Kastner, Berthold/Störmer, Rainer (Hrsg.), Verwaltungsrecht, 5. Auflage, Baden-Baden 2021 (zitiert: Bearbeiter, in: Fehling/Kastner/Störmer (Hrsg.), VerwR).

Gern, Alfons, Analogie im Abgaberecht, Begründungspflicht von Abgabensatzungen, Die Zulässigkeit von Sozialtarifen, in: NVwZ 1995, 1145.

Gersdorf, Hubertus/Paal, Boris (Hrsg.), Beck'scher Onlinekommentar Informations- und Medienrecht, 31. Edition, München 2021 (zitiert: Bearbeiter, in: Gersdorf/Paal (Hrsg.), BeckOK InfoMedienR).

Griebel, Thomas, Die verfahrensrechtliche Absicherung von Informationsfrei-heitsrechten in rechtsvergleichender Sicht, Berlin 2007 (zitiert: Griebel, Absi-cherung von Informationsfreiheitsrechten).

Hofmann, Phillip, Anmerkung zu BVerwG, Urteil vom 13.10.2020, 10 C 23/19, in: NVwZ 2021, 497 (499 ff.).

Kirchhof, Ferdinand, Die Höhe der Gebühr, Berlin 1981.

Kloepfer, Michael/Lewinski, Kai von, Das Informationsfreiheitsgesetz des Bun-des, in: DVBl 2005, 1277.

Konzak, Olaf, Analogie im Verwaltungsrecht, in: NVwZ 1997, 872.

Krüper, Julian, Normsetzung im Kraftfeld des Art. 17 GG, Zur Ausgestaltung eines Rechts auf „öffentliche Petition", in: DÖV 2017, 800.

Kugelmann, Dieter, Informationsfreiheitsgesetz, Kommentar, Wiesbaden 2007 (zitiert: Kugelmann, IFG).

Kugelmann, Dieter, Das Informationsfreiheitsgesetz des Bundes, in: NJW 2005, 3609.

Landmann, Robert von/Rohmer, Gustav (Hrsg.), Umweltrecht Kommentar, Band I, 93. Ergänzungslieferung, München 2020 (zitiert: Bearbeiter, in: Land-mann/Rohmer (Hrsg.), Umweltrecht I).

Mangoldt, Hermann von/Klein, Friedrich/Starck, Christian (Hrsg.), Kommen-tar zum Grundgesetz, Band 1 und 3, 7. Auflage, München 2018 (zitiert: Bear-beiter, in: v. Mangoldt/Klein/Starck, GG I / III).

Maunz, Theodor/Dürig, Günter (Hrsg.), Grundgesetz-Kommentar, 93. Ergän-zungslieferung, München 2020 (zitiert: Bearbeiter, in: Maunz/Dürig (Hrsg.), GG).

Münch, Ingo von/Kunig, Philip (Hrsg.), Grundgesetz-Kommentar, 7. Auflage, München 2021 (zitiert: Bearbeiter, in: Münch/Kunig (Hrsg.), GG).

Nolte, Rüdiger, Die Gewährleistung des Zugangs zu Daten der Exekutive durch das Grundrecht der Informationsfreiheit, in: NVwZ 2018, 521.

Partsch, Christoph, Der Auskunftsanspruch der Presse, Neujustierung durch das BVerwG, in: NJW 2013, 2858.

Prömper, Stefan/Stein, Thomas, Bundesgebührengesetz mit Allgemeiner Gebüh-renverordnung, München 2019 (zitiert: Prömper/Stein, BGebG).

Püschel, Jan Ole, Informationen des Staates als Wirtschaftsgut, Berlin 2006.

Reinhart, Oliver, Das gläserne Amt, in: DÖV 2007, 18.

Richter, Heiko, Anmerkung zu BVerwG, Urteil vom 20.10.2016, 7 C 6/15, in: NVwZ 2017, 485 (487 f.) (zitiert: Richter, Anm. zu BVerwG 7 C 6/15).

Röper, Erich, Notwendige Beteiligung der Parlamente bei den Petitionen an die zuständigen Stellen, in: NVwZ 2017, 1821.

Roth-Isigkeit, David, Die Begründung des vollständig automatisierten Verwaltungsakts, in: DÖV 2020, 1018.

Rüssel, Ulrike, Zukunft des Widerspruchsverfahrens, in: NVwZ 2006, 523.

Schlabach, Erhard, Bundesgebührengesetz, Rückblick und Ausblick, in: NVwZ 2013, 1443.

Schmitz, Heribert/Jastrow, Serge-Daniel, Das Informationsfreiheitsgesetz des Bundes, in: NVwZ 2005, 984.

Schnabel, Christoph, Die Zukunft des presserechtlichen Auskunftsanspruchs gegen Bundesbehörden, in: NJW 2016, 1692.

Schnabel, Christoph, Auskunftsansprüche für Journalisten nach Landespressegesetzen und Informationsfreiheitsgesetz, in: NVwZ 2012, 854.

Schoch, Friedrich, Das IFG des Bundes in der Rechtsprechungspraxis, in: NVwZ 2017, 97.

Schoch, Friedrich, Informationsfreiheitsgesetz, 2. Auflage, München 2016 (zitiert: Schoch, IFG).

Schoch, Friedrich/Schneider, Jens-Peter (Hrsg.), Verwaltungsrecht,

Band I VwGO, 39. Ergänzungslieferung, München 2020 (zitiert: Bearbeiter, in: Schoch/Schneider, VwGO).

Band III VwVfG, 39. Ergänzungslieferung, München 2020 (zitiert: Bearbeiter, in: Schoch/Schneider, VwVfG).

Schomerus, Thomas/Tolkmitt, Ulrike, Informationsfreiheit durch Zugangsvielfalt?, Ein Vergleich der Informationszugangsrechte nach IFG, UIG und VIG, in: DÖV 2007, 985.

Sitsen, Michael, Das Informationsfreiheitsgesetz des Bundes, Rechtsprobleme im Zusammenhang mit dem Ansoruch auf Informationszugang nach dem IFG, Hamburg 2009 (zitiert: Sitsen, Das IFG des Bundes).

Stahl, Rainer, Die Bindung der Staatsgewalten an die höchstrichterliche Rechtsprechung, Eine rechtstheoretische Untersuchung auf der Grundlage des Bonner Grundgesetzes, Bern/Frankfurt am Main 1973 (zitiert: Stahl, Bindung der Staatsgewalten).

Steinbach, Robert/Hochheim, Danny, Das Informationsfreiheitsgesetz des Bundes unter besonderer Berücksichtigung der Auswirkungen im Organisationsbereich des Sozialrechts, in: NZS 2006, 517.

Stelkens, Paul/Bonk, Heinz Joachim/Sachs, Michael (Hrsg.), Verwaltungsverfahrensgesetz, 9. Auflage, München 2018 (zitiert: Bearbeiter, in: Stelkens/Bonk/Sachs (Hrsg.), VwVfG).

Uphues, Steffen, Informationsfreiheit zwischen Gegenwart und Zukunft, in: ZRP 2021, 41.

Voßkuhle, Andreas/Kaufhold, Ann-Katrin, Verwaltungsvorschriften, in: JuS 2016, 314.

Wegener, Bernhard W., Transparenz im Gesundheitswesen, Die Informationspflicht des Gemeinsamen Bundesausschusses nach dem Informationsfreiheitsgesetz, in: NZS 2008, 561.

Wienbracke, Mike, Begriffliche und Verfassungsrechtliche Grundlagen des Gebührenrechts, in: JuS 2019, 1070.

Ziekow, Jan/Debus, Alfred/Musch, Elisabeth, Bewährung und Fortentwicklung des Informationsfreiheitsgesetzes, Evaluierung des Informationsfreiheitsgesetzes des Bundes im Auftrag des Deutschen Bundestages, Baden-Baden 2013 (zitiert: Ziekow/Debus/Musch, Informationsfreiheitsrecht).

Schriften zum Staats-, Verwaltungs- und Europarecht

Herausgegeben von Andreas Haratsch

Band 1   Michael Späthe: Der Ausbau der informatorischen Polizeibefugnisse in Brandenburg. Eine verfassungsrechtliche Untersuchung der erweiterten Polizeibefugnisse zur Gefahren- und
Informationsvorsorge. 2014.

Band 2   Sebastian Piecha: Die Rettungsmaßnahmen zugunsten zah-
lungsunfähiger EU-Mitgliedstaaten. Eine unions- und verfassungsrechtliche Analyse. 2016.

Band 3   Ilias I. Sofiotis: Die Staats- und Grundrechtslehre von Rhigas
Velestinlis. Übernationaler Menschenrechtskonstitutionalismus im
Europa des 18. Jahrhunderts. 2018.

Band 4   Lukas Claasen: Die verfassungsgerichtliche Identitätskontrolle im
Hinblick auf Freihandelsabkommen der Europäischen Union am
Beispiel des Comprehensive and Economic Trade Agreement.
2021.

Band 5   Tobias Fleißner: Die Erhebung von Gebühren im Anwendungsbereich des Informationsfreiheitsgesetz des Bundes. 2022.

www.peterlang.com